NOS BASTIDORES

Trinta anos escrava, quatro anos na Casa Branca

Elizabeth Keckley

NOS BASTIDORES

Trinta anos escrava, quatro anos na Casa Branca

Tradução
Alessandra Esteches

Principis

Esta é uma publicação Principis, selo exclusivo da Ciranda Cultural
© 2021 Ciranda Cultural Editora e Distribuidora Ltda.

Traduzido do original em inglês
Behind the scenes, or, thirty years a slave, and four years in the White House

Texto
Elizabeth Keckley

Tradução
Alessandra Esteches

Preparação
Maria Lúcia A. Maier

Revisão
Fernanda R. Braga Simon

Produção editorial e projeto gráfico
Ciranda Cultural

Diagramação
Fernando Laino | Linea Editora

Design de capa
Ana Dobón

Imagens
Nadia Grapes/shutterstock.com;
Prokradyha/shutterstock.com

Dados Internacionais de Catalogação na Publicação (CIP) de acordo com ISBD

K25n	Keckley, Elizabeth
	Nos bastidores: trinta anos escrava, quatro anos na Casa Branca / Elizabeth Keckley ; traduzido por Alessandra Esteches. - Jandira, SP : Principis, 2021.
	176 p. ; 15,5cm x 22,6cm. - (Biografias)
	Tradução de: Behind the scenes, or, thirty years a slave, and four years in the White House
	ISBN: 978-65-5552-254-9
	1. Biografia. 2. Elizabeth Keckley. I. Esteches, Alessandra. II. Título. III. Série.
2020-3067	CDD 920 / CDU 929

Elaborado por Vagner Rodolfo da Silva - CRB-8/9410

Índice para catálogo sistemático:
1. Biografia 920
2. Biografia 929

1ª edição em 2021
www.cirandacultural.com.br
Todos os direitos reservados.
Nenhuma parte desta publicação pode ser reproduzida, arquivada em sistema de busca ou transmitida por qualquer meio, seja ele eletrônico, fotocópia, gravação ou outros, sem prévia autorização do detentor dos direitos, e não pode circular encadernada ou encapada de maneira distinta daquela em que foi publicada, ou sem que as mesmas condições sejam impostas aos compradores subsequentes.

Sumário

Prefácio 7

O lugar onde nasci..11
A infância e suas mágoas..17
Como conquistei minha liberdade..23
Na família do senador Jefferson Davis 33
Quando fui apresentada à sra. Lincoln...39
O leito de morte de Willie Lincoln...46
Washington em 1862-1863...55
Opiniões sinceras 62
Nos bastidores..68
A segunda posse 74
O assassinato do presidente Lincoln 83
A sra. Lincoln deixa a Casa Branca 95
A origem da rivalidade entre o sr. Douglas e o sr. Lincoln 107
Velhos amigos 112
A história secreta do guarda-roupa da sra. Lincoln em Nova Iorque 125

Apêndice. Cartas da sra. Lincoln à sra. Keckley........................... 156

Prefácio

Muitas vezes pediram-me que eu escrevesse sobre minha vida, pois quem me conhece sabe que foi uma vida interessante. Finalmente cedi à insistência de meus amigos e rascunhei às pressas alguns dos impressionantes incidentes que compõem minha história. Minha vida, tão cheia de aventura, pode parecer um sonho para o leitor comum, mas tudo o que escrevi é absolutamente verdadeiro; muito foi omitido, mas nada foi exagerado. Ao escrever como o fiz, estou ciente de que instiguei críticas, mas, antes que as pessoas julguem com rigor, peço que minha explicação seja lida com cuidado e ponderação. Se retratei o lado sombrio da escravidão, também ilustrei o bom. As coisas boas que eu disse sobre a servidão humana devem ser colocadas na balança com as ruins. Tenho amigos queridos e sinceros no Sul e no Norte, e não magoaria meus amigos sulistas com uma condenação generalizada, só porque um dia fui escrava. Eles não foram responsáveis pela maldição sob a qual nasci, tampouco o Deus da natureza ou aqueles que elaboraram a Constituição dos Estados Unidos. A lei se impôs sobre eles, e era natural que eles a reconhecessem, uma vez que era de seu interesse fazê-lo. E, no entanto, um mal me foi infligido; um costume cruel me privou de minha liberdade e, como meu direito mais caro me foi roubado, eu não seria humana se não tivesse me rebelado contra essa violência. Deus rege o Universo. Eu fui mero instrumento em suas mãos e, por meio de mim e dos milhões de escravizados de minha raça, uma das questões que pertencem ao grande problema do destino humano foi resolvida, desenvolvendo-se de maneira tão gradual que não houve nenhuma grande convulsão da harmonia das leis naturais. Uma verdade solene veio à tona e, o que é ainda melhor, foi reconhecida como verdade por aqueles que fazem cumprir as leis morais. Um ato pode ser errado, mas, a não ser que as autoridades reconheçam o erro, é inútil esperar que ele seja corrigido.

Ainda que sejam corretos, os princípios não são estabelecidos imediatamente. As massas demoram a atingir o bom senso, e cada princípio, para adquirir força moral, precisa ser forjado a fogo; inicialmente esse fogo pode impor um castigo injusto, mas posteriormente ele purifica e fortalece o princípio, não em si mesmo, mas aos olhos daqueles que tomam o ato de julgar para si. Quando a Guerra de Secessão promulgou a independência das colônias americanas, um mal foi perpetuado, a escravidão foi estabelecida com mais rigor, e, uma vez plantado, o mal precisou passar por determinados estágios antes que pudesse ser erradicado. Aliás, não damos muita atenção à semeadura do mal até que ela atinja proporções monstruosas que lançam sombra sobre importantes interesses; só então os esforços para destruí-la se intensificam. Como uma das vítimas da escravidão, bebi do amargo veneno, mas, ao mesmo tempo, como quis o destino, e porque ajudei a trazer uma verdade solene à tona – como uma verdade –, talvez eu não tenha o direito de reclamar. Aqui, como em todas as coisas da vida, posso ser generosa.

Podem surgir acusações de que escrevi com demasiada liberdade sobre algumas questões, principalmente no que diz respeito à sra. Lincoln. Não concordo; fui impulsionada pela mais genuína motivação. Por seus próprios atos, a sra. Lincoln alçou-se à infâmia. Ela ultrapassou os limites formais que cercam a vida privada e incitou a crítica pública. As pessoas a julgaram com severidade, e nenhuma outra mulher foi mais difamada na imprensa do país. As pessoas nada sabiam dos bastidores de suas transações, então a julgaram segundo o que foi revelado. Pois um ato pode ser considerado equivocado quando julgado por si só, mas, quando o motivo que levou àquele ato é compreendido, ele é interpretado de outra maneira. Coloco na forma de axioma, que só há crime aos olhos de Deus quando o crime é calculado. A sra. Lincoln pode ter sido imprudente, porém, como suas intenções eram boas, ela deveria ser julgada com mais simpatia. Mas o mundo não sabia quais eram suas intenções; as pessoas apenas foram informadas de seus atos sem conhecer quais sentimentos guiaram suas ações. Para julgá-la como eu o fiz, o mundo deve conhecer a história que há por trás de suas transações. O mistério deve ser desvendado, e a origem dos acontecimentos deve ser trazida à luz, nua e crua. Se traí sua confiança em qualquer coisa que tenha publicado, foi para colocar a sra. Lincoln sob uma ótica mais favorável diante do mundo. Uma quebra de confiança desse tipo – se é que a situação pode ser chamada assim – sempre é digna de perdão. Minha própria reputação, assim como a reputação da sra. Lincoln, está em jogo, uma vez que estive intimamente associada àquela senhora durante os períodos mais agitados de minha vida. Fui sua confidente e, se acusações vis são depositadas à sua porta, também devem ser depositadas à minha, pois participei de todos os seus atos. Para me defender, preciso defender a senhora à qual servi. O mundo julgou a sra. Lincoln por fatos supérfluos, e a única maneira de convencê-lo de que o erro não foi calculado é explicar os motivos que nos instigaram. Não escrevi nada que possa colocar a sra. Lincoln sob uma perspectiva mais desfavorável diante do mundo do que essa sob a qual ela está exposta no momento, portanto a história secreta que ora publico não pode lhe causar nenhum mal. Excluí tudo o que havia de pessoal de suas cartas; os excertos apresentados fazem referência apenas a homens públicos e lançam luz sobre sua desventura em Nova Iorque. Essas cartas não foram escritas para serem publicadas, razão pela qual são ainda mais valiosas; são transbordamentos sinceros do coração, afloramentos do impulso, chaves para a genuína motivação, e, se ajudarem a abafar a voz da calúnia, ficarei satisfeita. É preciso lembrar que, antes de os jornais difamarem a sra. Lincoln, as senhoras que frequentavam seu círculo social, em Washington, sondavam seu caráter livremente entre elas. Tripudiavam sobre várias histórias escandalosas que nasciam dos boatos de seu próprio círculo. Se essas senhoras podiam dizer tudo de mau sobre a esposa do presidente, por que eu não teria permissão de revelar sua história secreta, principalmente se essa história mostra claramente que sua vida, como qualquer outra, tem seu lado bom e seu lado ruim? Nenhum de nós é perfeito, razão pela qual deveríamos ouvir a voz da generosidade quando ela sussurra em nosso ouvido: "Não aumente as imperfeições dos outros". Se os atos da sra. Lincoln nunca tivessem virado patrimônio público, eu não publicaria para o mundo os bastidores de sua vida. Não sou a exclusiva defensora da viúva de nosso lastimado presidente; como o leitor das páginas que se seguem poderá constatar, escrevi com extrema franqueza sobre ela – expus suas falhas e dei crédito à sua sincera motivação. Espero que o mundo a julgue como ela é, livre dos exageros de louvor ou escândalo, uma vez que fui associada a ela em muitos acontecimentos que provocaram duras críticas. Quero crer que o julgamento que o mundo pode vir a fazer dela apresentará minhas próprias ações sob uma perspectiva mais favorável.

Elizabeth Keckley
Carroll Place, n. 14, Nova Iorque
14 de março de 1868

O lugar onde nasci

Minha vida tem sido repleta de acontecimentos. Nasci escrava – filha de pais escravos –, portanto vim ao mundo livre no pensamento divino, mas acorrentada nas atitudes. Nasci em Dinwiddie Court House, Virgínia. Minhas lembranças da infância são nítidas, talvez porque muitos incidentes tumultuados estão associados a essa época. Meus 40 vão longe, e, sentada sozinha em meu quarto, os pensamentos emergem com força, e vislumbro pequenos *flashes*, alguns agradáveis, outros nem tanto, e, quando saúdo rostos familiares, frequentemente me pergunto se não estou revivendo o passado. As visões são tão nítidas que quase imagino que sejam reais. Fico horas sentada, pensando em tudo que vivi, e então percebo como minha vida foi intensa. Cada dia parece um romance, os anos se acumulando em pesados volumes. Como não posso condensar todas as cenas, omito muitas passagens estranhas de minha história. É difícil fazer uma seleção em meio à vastidão de acontecimentos, mas, como não estou escrevendo exatamente a minha história, vou limitá-la aos fatos mais importantes que acredito terem influenciado a formação do meu caráter. Analisando o vasto oceano do passado, esses acontecimentos se destacam e sinalizam memórias. Suponho que eu devia ter 4 anos quando das primeiras lembranças; pelo menos, não consigo recordar nada que tenha acontecido antes dessa época. Os negócios do meu senhor, coronel A. Burwell, eram um tanto instáveis e, durante a minha infância, ele foi obrigado a se mudar diversas vezes. Enquanto moravam na Faculdade de Hampton-Sidney, no Condado de Prince Edward, Virgínia, a sra. Burwell deu à luz uma meiga menina, de olhos negros, minha primeira e mais querida filhotinha. Cuidar daquele bebê foi minha primeira tarefa. É verdade que eu mesma não passava de uma criança – tinha apenas 4 anos –, mas havia sido criada para ser forte, autossuficiente e prestativa. Essa lição não me fora amarga, pois eu era muito jovem para me entregar a questões filosóficas, e acredito que os preceitos que eu estimava e praticava tenham desenvolvido os princípios de caráter que me capacitaram para vencer diante de tantas dificuldades. A despeito de todos os males que a escravidão lançou sobre mim, posso bendizê-la por uma coisa – a importante lição da autossuficiência na infância. O nome do bebê era Elizabeth e me agradava a responsabilidade de cuidar dela, pois, com isso, fui transferida de uma choupana bastante humilde para a casa dos meus senhores. Meu traje era simples, composto de um vestido curto e um pequeno avental branco. Minha antiga senhora me incentivava a balançar o berço, dizendo que, se eu cuidasse bem do bebê, mantendo as moscas longe de seu rosto e não deixando que chorasse, eu seria sua criada. Era uma ótima promessa, e eu não precisava de grande incentivo para desempenhar fielmente minha tarefa. Comecei a balançar o berço com afinco, quando... o bebezinho foi arremessado ao chão! Imediatamente gritei: "Oh! O bebê caiu!". Perplexa e sem saber o que fazer, peguei a pá da lareira para tentar erguer minha preciosa carga, quando a senhora gritou que eu deixasse o bebê em paz e ordenou que eu fosse levada e açoitada por meu descuido. Garanto que os golpes eram tão fortes que não esqueci nenhum detalhe desse incidente. Foi a primeira vez que fui cruelmente punida, mas não a última. O bebê de olhos negros a quem eu chamava de "filhotinha" cresceu e se tornou uma garota teimosa, e, anos depois, foi a causa de muitas de minhas preocupações. Cresci forte e saudável e, embora tricotasse meias e fizesse vários tipos de tarefa, aos 14 anos frequentemente ouvia que eu nunca valeria o prato que comia. Quando completei 8 anos, a família do sr. Burwell era constituída de seis filhos e quatro filhas, além de contar com muitos criados. Minha mãe era doce e paciente; a sra. Burwell, uma sinhá rígida. Porque minha mãe tinha muito trabalho costurando as roupas da família e dos escravos, entre muitas outras incumbências, decidi ajudá-la em tudo que era possível, o que minou todas as minhas forças, ainda que eu fosse bastante jovem. Como eu era sua única filha, ela me amava demais. Eu não sabia muitos detalhes sobre meu pai, pois ele era escravo de outro senhor, e, quando o sr. Burwell foi embora de Dinwiddie, ele foi apartado de nós, só tendo permissão para visitar minha mãe duas vezes ao ano – durante a Páscoa e o Natal. Por fim, o sr. Burwell decidiu recompensar minha mãe por meio de um acordo com o feitor do meu pai, segundo o qual meus pais foram autorizados a viver juntos novamente. Foi um dia muito feliz para minha mãe quando anunciaram que meu pai viria morar conosco. A velha aparência cansada desapareceu de seu rosto, e ela se dedicou de corpo e alma na realização de cada tarefa. Mas os dias dourados não duraram muito, e logo o sonho radiante se desvaneceu.

De manhã, meu pai me chamava e me beijava, então me abraçava como quem admira uma filha com orgulho.

– Ela está crescendo e virando uma linda garota – ele dizia para minha mãe. – Não sei de quem eu gosto mais, se de você ou da Lizzie... As duas são tão preciosas para mim!

O nome da minha mãe era Agnes, e meu pai gostava de me chamar de "Pequena Lizzie". Enquanto os dois conversavam sobre o futuro, alegres e esperançosos, o sr. Burwell veio até a choupana, com uma carta na mão. Era um senhor gentil em algumas coisas, e, com a maior delicadeza possível, informou a meus pais que eles teriam de se separar, pois em duas horas meu pai precisaria se juntar a seu senhor em Dinwiddie e seguir com ele para o Oeste, onde estava decidido a formar seu futuro lar. O anúncio caiu como um raio sobre aquela pequena e pobre choupana. Lembro-me da cena como se fosse ontem – como meu pai se revoltou com a cruel separação; seu último beijo; a força com que abraçou minha mãe contra o peito; a solene oração aos céus; as lágrimas e os soluços; a angústia temerosa de corações partidos. O último beijo, o último adeus, e meu pai se foi, para sempre. As sombras eclipsaram a luz do sol, e o amor virou desespero. A separação foi eterna. Após a tempestade, não veio a bonança, mas confio que no céu tudo será bom. Nós, que somos esmagados nesta terra por pesadas correntes, que seguimos por uma estrada árdua, dura e espinhosa, tateando o solo na escuridão da meia-noite, ganhamos o direito de gozar da luz do sol na eternidade. No túmulo, ao menos, há de nos ser permitido deitar nossos fardos, para que um novo mundo, um mundo de luz, se abra para nós. A luz que nos é negada aqui há de crescer em uma torrente de esplendor para além das sombras escuras e misteriosas da morte.

Por mais profunda que fosse a angústia de minha mãe por se separar de meu pai, sua tristeza não a poupou dos insultos. Minha antiga senhora lhe disse:

– Pare de bobagem; você não tem motivo para achar que está acima dos outros. Seu marido não foi o único escravo a ser vendido nesta família, e você não foi a única que teve de se separar. Há muitos outros homens por aqui. Se você quer tanto um marido, pare de chorar e vá encontrar outro.

Minha mãe não respondeu a essas terríveis palavras. Ela se virou em um silêncio estoico, os lábios assumindo um sorriso de desprezo odioso que crescia em seu coração.

Meus pais nunca mais se encontraram neste mundo. Trocaram correspondências com regularidade durante anos, e as recordações mais preciosas de minha existência são as cartas antigas e desbotadas que ele escreveu, repletas de amor, sempre na esperança de que o futuro trouxesse dias mais felizes. Em quase todas as cartas havia uma mensagem para mim: "Diga à minha Pequena Lizzie", ele escrevia, "que seja uma boa garota e estude. Dê um beijo nela por mim e diga que um dia eu vou vê-la novamente". Assim ele escreveu muitas vezes, mas nunca veio. Ele vivia de esperança, mas morreu sem nunca mais ver sua esposa e filha.

A seguir, reproduzo literalmente algumas passagens de uma das cartas que meu pai escreveu à minha mãe:

SHELBYVILE, 6 de setembro de 1833.
SRA. AGNES HOBBS

Quirida Esposa: minha quirida e amada esposa to muito feliz por ter a oportun[i]dade escreve essas linha a ocê pela minha senhora que ta indo pra virginia, e muintos dos meus velios amigos com ela; acompanhão a sra. Ann Rus esposa do sinhô Thos Rus e Dan Woodiard e a familia dele e to muito triste por num podê i com eles uma veiz que tô determinado a ver ocê de novo se a vida me permiti. Agora eu to aqui nesse lugar e num posso sair dessa veiz. Eu to bem e saudavel e o resto da familia do sinhô tumem. Ouvi da sinhá essa noite que todos mandam lembransa a ocê e a todos meus velio amigo. To vivendo em uma cidade chamada Shelbyville e escrevi muintas carta deis de que xeguei aqui e quase convinci a mim memo que num tem como escreve mais; minha quirida esposa eu num tenho intensaum ninhuma de deixar de escreve a ocê e espero que quando ocê le essa carta ocê tenha vontade de escreve pra mim tumem. Eu to bem satisfeito por vive nesse lugar to ganhando dinheiro pra mim e espero um dia te beneficia tumem se eu vive pra ve o prossimo ano o sinhô vai me da um tempo se eu paga a ele 100 e vinte dolar por ano e penso que to fazendo bons negócio e que vo te um poco mais que isso. Espero que com a ajuda de deus eu possa me reuni cocê na terra e no céu vamo nos encontra quando possiveu eu to determinado a nunca para de reza, nunca nessa terra e espero louva a deus em sua gloria que a gente se encontre e nunca mais se separe. Entao minha quirida esposa espero encontra ocê no paraizo pra louva deus pra sempre. * * * * *

Quero que a Elizabeth seja uma boa garota e num pense que eu to tao longe que deus nao vai consegui uni nossos caminho * * * * *

GEORGE PLEASANT,
Hobbs servo de Grum. [sic]

A última carta que minha mãe recebeu do meu pai data de 20 de março de 1839, proveniente de Shelbyville, Tennessee. Ele se esforça para parecer animado e espera vê-la em breve. Ah! Mas a espera foi em vão. Ano após ano, mesmo não perdendo as esperanças, ele não conseguiu vê-la em vida.

Por volta de 7 anos, testemunhei, pela primeira vez, a venda de um ser humano. Morávamos em Prince Edward, na Virgínia, e meu senhor havia acabado de comprar os porcos para o inverno, mas não tinha dinheiro para pagar todos eles. Para fugir da humilhação, seria necessário vender um dos escravos. O pequeno Joe, filho da cozinheira, foi o escolhido. Ordenaram sua mãe que o vestisse com roupas de domingo e o mandasse para casa. Ele surgiu com uma expressão alegre, foi colocado na balança e, tal qual os porcos, foi vendido a quilo. Sua mãe não sabia da transação, mas começou a suspeitar. Quando o filho partiu para Petersburg de carroça, a verdade lhe surgiu na mente, e ela implorou que seu garoto não lhe fosse tirado; mas seu senhor a acalmou, dizendo que ele só estava indo até a cidade e que voltaria pela manhã. A manhã chegou, mas o pequeno Joe não voltou para sua mãe. As manhãs foram se passando, e a mãe foi para o túmulo sem nunca mais ver seu filho. Certo dia, foi açoitada por sofrer por ele. O coronel Burwell não gostava de ver seus escravos tristes, e aqueles que o ofendiam dessa maneira eram sempre punidos. Oh! O rosto reluzente de um escravo nem sempre é indicativo de um coração alegre. A certa altura, o coronel Burwell contava com setenta escravos, todos foram vendidos, e, na maioria das vezes, esposas eram separadas de maridos, filhos eram separados de pais. A escravidão nos Estados de Fronteira há quarenta anos era diferente da escravidão nos mesmos estados há vinte. O tempo pareceu amolecer o coração dos senhores e senhoras e garantir um tratamento mais gentil e humano a cativos e cativas. Quando eu era criança, aconteceu um incidente com minha mãe que mais tarde ficou gravado com mais força em minha mente. Um de meus tios, escravo do coronel Burwell, perdeu um par de arados e, quando a perda veio à tona, o senhor lhe deu um par novo e lhe disse que, se não cuidasse bem dele, seria punido com rigor. Em algumas semanas, os arados novos foram roubados, e meu tio se enforcou para não enfrentar o descontentamento de seu amo. Minha mãe foi até o rio pela manhã para buscar água e, ao olhar para o salgueiro que lançava sombras sobre o riacho borbulhante e cristalino, viu a figura sem vida do irmão, suspensa sob um dos fortes galhos. Em vez de receber a punição que o coronel Burwell reservava a seus servos, ele tirou a própria vida. A escravidão tem um lado sombrio, assim como um lado bom.

A infância e suas mágoas

Passarei rapidamente pelos acontecimentos agitados da minha infância. Quando eu tinha por volta de 14 anos, fui viver com o filho mais velho de meu senhor, um ministro presbiteriano. Seu salário era baixo, e ele carregava o fardo de ter uma esposa incapaz, uma garota com quem havia se casado em um momento delicado de sua vida. Ela era de uma sensibilidade doentia e imaginava que eu a desprezava porque ela vinha de uma família pobre. Eu era sua única criada e um empréstimo generoso. Como não podiam me comprar, meu antigo senhor procurou ajudá-los, reservando-lhes o benefício de meus serviços. Desde o início, fiz o trabalho de três criados e mesmo assim fui repreendida e tratada com desconfiança. Os anos se passaram devagar, e continuei servindo o casal, ao mesmo tempo em que me tornava uma mulher forte e saudável. Eu tinha quase 18 anos quando nos mudamos da Virgínia para Hillsboro, na Carolina do Norte, onde o jovem sr. Burwell assumiu o comando de uma igreja. Ele ganhava pouco e tínhamos de economizar muito. O sr. Bingham, um homem rígido e cruel, professor do povoado, era membro da igreja do meu jovem senhor e visitante frequente da casa paroquial. Aquela a quem eu chamava de "senhora" parecia querer se vingar de mim por algum motivo, e Bingham se tornou sua ferramenta para isso. Nessa época, meu senhor era estranhamente gentil comigo; era um homem de bom coração, mas muito influenciado pela esposa. Era uma noite de sábado. Eu estava curvada sobre a cama, cuidando do bebê que havia acabado de dormir, e o sr. Bingham veio até a porta e pediu que eu fosse com ele até o escritório. Perguntando-me qual seria a intenção daquele estranho pedido, eu o segui e, quando entramos no escritório, ele fechou a porta e, com seu tom brusco, disse:

– Lizzie, eu vou castigar você.

Atônita, tentei lembrar se havia sido descuidada de alguma forma. Não consegui pensar em nada que merecesse punição e, surpresa, exclamei:

– Me chicotear, sr. Bingham?! Mas por quê?

– Não importa – ele respondeu –, vou chicotear você, então tire o vestido agora mesmo.

Lembre-se, eu tinha 18 anos, era uma mulher completamente desenvolvida, e ainda assim aquele homem pediu friamente que eu tirasse meu vestido. Eu me retesei, com orgulho, e respondi, decidida:

– Não, sr. Bingham, não vou me despir na frente do senhor. Além do mais, o senhor não vai me chicotear a não ser que prove que é o mais forte de nós dois. Ninguém além do meu amo tem o direito de me chicotear, e ninguém vai fazer isso se eu puder impedir.

Minhas palavras pareceram frustrá-lo. Ele pegou uma corda, me agarrou violentamente e tentou me amarrar. Resisti com toda as forças, mas ele era mais forte e, após uma árdua luta, conseguiu amarrar minhas mãos e rasgar meu vestido nas costas. Então pegou um chicote de couro e começou a chicotear meus ombros. Com mão firme e olhos atentos, levantava o instrumento de tortura, preparava-se para o golpe e, com um impulso temeroso, o couro descia sobre minha pele trêmula, que se cortava, produzindo salientes vergões, o sangue quente escorrendo pelas minhas costas. Ah, Deus! Sinto a tortura agora – a agonia terrível e excruciante daqueles momentos. Não gritei; era orgulhosa demais para deixar que meu carrasco soubesse que eu estava sofrendo. Fechei os lábios com firmeza, para que nem um gemido escapasse por eles, e fiquei imóvel como uma estátua enquanto o chicote afiado cortava profundamente minha carne. Assim que fui solta, atordoada de dor, ferida e sangrando, fui para casa e corri até o pastor e sua esposa, exclamando, descontrolada:

– Sr. Robert, por que o senhor deixou que o sr. Bingham me açoitasse? O que eu fiz para ser punida dessa maneira?

– Saia daqui – ele respondeu, grosseiro. – Não me incomode.

– O *que* eu fiz? *Preciso* saber por que fui açoitada.

Vi seu rosto corar de raiva, mas não cedi. Ele se levantou e, diante de minha recusa de ir embora sem uma explicação, pegou uma cadeira, me bateu com ela e me lançou ao chão. Levantei, desnorteada, quase morta de dor, rastejei até meu quarto, cobri os braços e as costas feridas o melhor que pude e me deitei, mas não para dormir. Não, eu não conseguiria dormir, pois sofria de uma tortura mental, além da física. Meu espírito se rebelou contra a injustiça que me havia sido imposta e, por mais que eu tentasse sufocar a raiva e perdoar àqueles que haviam sido tão cruéis comigo, era impossível. Na manhã seguinte, eu estava mais calma, e acredito que poderia ter perdoado tudo ao ouvir uma palavra gentil. Mas a palavra gentil não veio, e eu me senti triste e revoltada. Embora eu tivesse defeitos, agora sei, assim como senti na época, a crueldade era o pior estímulo para corrigi-los. Parece que o sr. Bingham havia prometido à sra. Burwell que refrearia o que ele chamava de meu "orgulho teimoso". Na sexta-feira seguinte ao sábado em que fui espancada com tamanha selvageria, o sr. Bingham mais uma vez me chamou em seu escritório. Eu obedeci, mas determinada a oferecer resistência caso ele tentasse me açoitar novamente. Ao entrar, encontrei-o preparado com uma corda e um chicote novos. Eu lhe disse que estava preparada para morrer, mas que ele não me dominaria. Ao lutar contra ele, mordi-lhe o dedo com força, ao que ele pegou uma vara pesada, batendo-me vergonhosamente. Mais uma vez fui para casa ferida e sangrando, mas com um sentimento de orgulho mais forte e desafiador do que nunca. Na quinta-feira seguinte, o sr. Bingham tentou novamente me dominar, em vão. Lutamos, e ele me acertou vários golpes.

Enquanto eu sangrava em pé diante dele, ele caiu no choro, quase exausto pelo esforço, e declarou que seria um pecado continuar me batendo. Finalmente meu sofrimento havia vencido seu duro coração; ele me pediu perdão e depois disso passou a ser outro homem. Daquele dia em diante, nunca mais se soube que tivesse batido em seus criados. O sr. Burwell, que pregava o amor celestial, que glorificava os preceitos e os exemplos de Cristo, que explicava as Escrituras Sagradas todos os sábados no púlpito, quando o sr. Bingham se recusou a seguir me chicoteando, foi incitado pela mulher a me castigar. Certa manhã, ele foi até o monte de lenha, pegou uma vassoura, tirou o pesado cabo e, com ele, tentou me dominar. Lutei contra ele, mas ele provou ser o mais forte de nós dois. Ao ver minha figura ensanguentada, sua mulher caiu de joelhos e lhe implorou que parasse. Minha angústia chegou a ponto de tocar seu desconfiado coração de gelo. Fiquei tão machucada que não consegui sair da cama durante cinco dias. Não vou relatar a amarga angústia dessas horas, pois, só de pensar nelas, estremeço. Ainda não satisfeito, o rev. sr. Burwell decidiu tentar uma vez mais dominar meu espírito rebelde e orgulhoso – tentou e falhou novamente, quando me disse, com ar de penitência, que nunca mais desferiria mais nenhum golpe contra mim, e manteve sua palavra. Essas cenas revoltantes causaram uma grande comoção na época, foram o comentário da cidade e da vizinhança, e me alegro em saber que as atitudes daqueles que conspiraram contra mim não foram vistas como algo que favorecesse sua imagem.

Os esforços selvagens de dominar meu orgulho não foram as únicas coisas que me trouxeram sofrimento e humilhação enquanto vivi em Hillsboro. Eu era considerada bonita para alguém da minha raça, e durante quatro anos um homem branco – poupo o mundo de dizer seu nome – me desejou. Não quero me estender nesse assunto, pois é carregado de dor. Basta dizer que ele me perseguiu durante quatro anos e eu… eu… me tornei mãe. O filho de quem ele era o pai foi o único filho que coloquei neste mundo. Se meu pobre menino sofreu alguma dor humilhante por conta de nascer, ele não pode me culpar, pois Deus sabe que eu não queria lhe dar a vida nessas condições; antes, ele deve culpar as leis daquela sociedade que não consideravam crime destruir a virtude de moças que se encontravam na situação em que eu me encontrava na época.

Entre as cartas antigas preservadas por minha mãe, encontro a seguinte, escrita por mim enquanto vivia em Hillsboro. Em relação a isso, quero declarar que o rev. Robert Burwell atualmente vive[1] em Charlotte, Carolina do Norte:

HILLSBORO, 10 de abril de 1838.
MINHA QUERIDA MÃE:
Faz muito tempo que quero escrever, mas muitas coisas me impediram, e por isso peço que me desculpe.

Pensei muito mal de você por não me escrever, mas espero que responda a esta carta assim que a receber e me diga se gosta de Marsfield, se viu algum velho conhecido ou se ainda conhece alguém da casa de tijolos em quem tanto penso. Quero muito saber da família aí de casa. Acho mesmo que você e toda a família me esqueceram, do contrário eu teria notícias de alguns de vocês desde que deixaram Boyton, ainda que uma única linha. Ainda assim, amo muito todos vocês e continuarei amando, embora talvez eu nunca mais os veja – nem espero que isso aconteça. A srta. Anna vai para Petersburg no próximo inverno, mas ela diz que não tem intenção de me levar; que motivo ela tem para me deixar, não sei dizer. Muitas vezes desejei viver em um lugar onde eu soubesse que nunca poderia ver vocês, pois assim não alimentaria falsas esperanças e não ficaria decepcionada; no entanto, dizem que um mau começo leva a um bom final, mas não tenho muitas expectativas de ver esse dia feliz estando por aqui. Mande meu amor a toda a família, negros e brancos. Muito obrigada pelos presentes que vocês mandaram no verão passado, embora seja bastante tarde para agradecer. Diga à tia Bella que fiquei muito grata pelo presente; tenho cuidado tanto dele que só usei uma vez.

---
[1] Março de 1868. (N.A.)

Houve seis casamentos desde outubro; o mais formidável foi há duas semanas; me convidaram para ser madrinha, mas, como sempre acontece com todas as minhas expectativas, eu me decepcionei, pois no dia do casamento eu estava mais para não sair do que para ir a um casamento. Mais ou menos uma semana antes do Natal, fui dama de honra de Ann Nash; quando a noite chegou, eu estava em apuros; não sabia se meu vestido estava limpo; tive só uma semana e precisava fazer o tronco e as mangas, e só tinha uma hora por noite para trabalhar na costura, então você pode imaginar que com todos esses obstáculos minha chance de ir era pequena. Vou parando por aqui, embora eu pudesse encher dez páginas com minhas tristezas e desgraças. Não há palavras para expressar o que senti. Não se esqueça de mim e responda logo à minha carta. Vou escrever de novo, e escreveria até mais agora, mas a srta. Anna está dizendo que é hora de terminar. Diga a srta. Elizabeth que desejo que ela se apresse e se case logo, pois a sinhá falou que eu pertenço a ela quando ela se casar.

Queria que você me enviasse um vestido bonito neste verão. Se você mandar para a sra. Robertson, a srta. Bet o entrega para mim.

Adeus, querida mãe.

Sua filha afetuosa,
ELIZABETH HOBBS

Como conquistei minha liberdade

Os anos se passaram e me trouxeram muitas mudanças, mas não vou tratar delas, pois quero chegar na parte mais interessante da minha história. Meus problemas na Carolina do Norte cessaram com um retorno inesperado à Virgínia, onde vivi com o sr. Garland, que havia se casado com a srta. Ann[e] Burwell, uma das filhas de meu antigo senhor. A vida dele não era exatamente próspera, e, depois de lutar contra o mundo durante muitos anos, ele saiu de seu estado natal, frustrado. Ele se mudou para St. Louis, na esperança de melhorar seus negócios no Oeste, mas a má sorte o perseguiu, e ele se viu incapaz de escapar das influências cruéis do destino. Quando eu e sua família nos juntamos a ele em sua nova casa às margens do Mississippi, nós o encontramos tão empobrecido a ponto de não poder pagar as taxas de uma carta que havia chegado para ele no correio. As necessidades da família eram tão grandes que propuseram oferecer os serviços de minha mãe a terceiros. A ideia era chocante para mim.

Cada fio de cabelo branco de sua velha cabeça me era caro, e eu não podia suportar a ideia de ela ir trabalhar para estranhos. Ela havia sido criada na família, havia acompanhado o crescimento de cada filho, da infância à maturidade, os quais foram objeto de seu cuidado mais caloroso, e ela estava unida a eles como a videira se une a um carvalho. Eles eram as figuras centrais de seu sonho de vida – um sonho lindo para ela, uma vez que não havia se banhado ao sol de nenhum outro. E agora eles propunham destruir cada gavinha de afeto, encobrir o sol de sua existência quando o dia chegava ao fim, quando as sombras da austera noite se aproximavam, apressadas. Minha mãe, minha pobre mãe envelhecida, metendo-se entre estranhos para ganhar a vida! Não, mil vezes não. Eu preferia trabalhar até meus dedos ficarem só ossos, curvar-me sobre a costura até ficar cega, pedir esmolas de rua em rua, mas eu não suportaria que isso acontecesse com minha mãe. Comuniquei isso ao sr. Garland, e ele me autorizou a buscar uma solução. Tive sorte em conseguir trabalho e logo conquistei fama como costureira e modista. As senhoras mais distintas de St. Louis eram minhas clientes e, quando minha reputação se consagrou, nunca me faltaram pedidos. Com minhas agulhas, alimentei dezessete pessoas durante dois anos e cinco meses. Enquanto trabalhava tanto ao passo que outros podiam viver em relativo conforto e frequentar os círculos sociais aos quais seu nascimento lhes garantia acesso, perguntei-me várias vezes se eu valia ou não o que comia, e nessas ocasiões talvez meus lábios se curvassem em um sorriso amargo. Pode parecer estranho que eu colocasse tanta ênfase em palavras faladas sem pensar, mas nós fazemos muitas coisas estranhas na vida e nem sempre somos capazes de explicar os motivos que nos instigam. O trabalho era pesado demais para mim, e minha saúde começou a ceder. Mais ou menos nessa época, o sr. Keckley, que eu havia conhecido na Virgínia e aprendido a considerar mais que um amigo, veio a St. Louis. Ele pediu minha mão em casamento e durante muito tempo eu me recusei a considerar sua oferta, pois não podia suportar a ideia de gerar filhos para a escravidão, de acrescentar um único membro aos milhões sujeitos à irremediável servidão, acorrentados e agrilhoados a correntes mais fortes e mais pesadas que algemas de ferro. Propus comprar a mim e a meu filho; a proposta foi veementemente recusada e me ordenaram a nunca mais tocar no assunto. Eu não desanimaria assim tão facilmente, pois a esperança apontava para uma vida livre e feliz no futuro. "Por que meu filho deveria ser mantido escravo?", eu me perguntava com frequência. Ele não veio ao mundo por minha vontade, e, no entanto, só Deus sabe o quanto eu o amava. O sangue anglo-saxão e o sangue africano corriam em suas veias; as duas correntes se misturavam – uma cantando a liberdade, a outra, silenciosa e soturna por gerações de desespero. Por que o sangue anglo-saxão não triunfaria, por que deveria ser condenado juntamente com o pesado sangue, típico dos trópicos? A corrente da vida de uma raça deve se atar à outra por correntes tão fortes e duradouras, como se nela não houvesse uma gota de sangue anglo-saxão? Pelas leis de Deus e da natureza, conforme interpretadas pelo homem, metade do meu garoto era livre, então por que esse direito justo e natural de liberdade não removeria a maldição da outra metade, alçando-a à resplandecente e jubilosa luz da liberdade? Incapaz de responder a essas perguntas vindas das profundezas de meu coração, e que quase me enlouqueciam, aprendi a desconfiar do modo de pensar da humanidade. Por mais que respeitasse a autoridade de meu mestre, eu não podia me silenciar a respeito de um assunto que me preocupava tanto. Um dia, quando insisti em saber se ele permitiria que eu me comprasse, e qual seria o preço que eu deveria pagar por mim mesma, ele se virou para mim com petulância, colocou a mão no bolso, tirou uma moeda prateada brilhante de vinte e cinco centavos de dólar e, me oferecendo, disse:

– Lizzie, eu já disse várias vezes para você não me incomodar com essa questão. Se quer mesmo me deixar, leve isto: vai pagar sua passagem e a do garoto na balsa, e, quando estiver do outro lado do rio, você estará livre. É o modo mais barato que conheço de conseguir o que você deseja.

Espantada, olhei para ele e respondi, com sinceridade:

– Não, amo, eu não quero ficar livre dessa maneira. Se minha vontade fosse essa, eu não teria incomodado o senhor pedindo seu consentimento para eu comprar a minha liberdade. Posso atravessar o rio quando eu quiser, como o senhor bem sabe, e já fiz isso muitas vezes, mas jamais vou deixar o senhor dessa maneira. Pelas leis da terra, sou sua escrava, o senhor é meu amo, e eu só serei livre pelos meios que as leis do nosso país oferecem.

Ele esperava essa resposta, e eu sabia que ela lhe agradava. Algum tempo depois, ele me disse que havia reconsiderado a questão; que eu havia servido à sua família fielmente, que eu merecia minha liberdade, e ele aceitaria mil e duzentos dólares por mim e pelo garoto.

Essa notícia me alegrou profundamente e um pequeno raio de esperança brilhou através da escura nuvem da minha vida.

Com a perspectiva da liberdade, aceitei me casar. O casamento foi um grande evento familiar. A cerimônia aconteceu no salão, com a presença da família e de alguns convidados. O sr. Garland me levou ao altar, e o pastor, o bispo Hawks, realizou a cerimônia, tendo oficializado o casamento das próprias filhas do sr. G. Foi um dia feliz, mas a felicidade não durou muito. O sr. Keckley – que eu fale de seus defeitos com gentileza – se mostrou disperso e um fardo no lugar de um companheiro. Mais que tudo, descobri que ele era um escravo, e não um homem livre, como se apresentara. Com a simples explicação de que vivi com ele por oito anos, que a generosidade o envolva no manto do silêncio.

Passei a trabalhar muito para comprar minha liberdade, mas os anos se passaram e eu continuava escrava. A família do sr. Garland exigia tanto de mim – de fato, eu os sustentava – que eu não conseguia acumular nenhum dinheiro. Nesse meio-tempo, o sr. Garland faleceu, e o sr. Burwell, um agricultor do Mississippi, veio para St. Louis para liquidar a propriedade. Ele era um homem gentil, disse que eu devia ser livre e que me ajudaria como pudesse a levantar a quantia necessária para pagar minha liberdade. Meus amigos me sugeriram vários planos. Por fim, resolvi ir para Nova Iorque apresentar meu caso e apelar para a benevolência do povo. O plano parecia possível e me preparei para executá-lo. Quando estava quase pronta para seguir em direção ao Norte, a sra. Garland disse que exigiria o nome de seis cavalheiros que garantissem meu retorno e se responsabilizassem pela quantia que eu valia. Eu tinha muitos amigos em St. Louis e, como acreditava que eles confiavam em mim, achei que conseguiria prontamente os nomes exigidos. Saí, expus meu caso e consegui cinco assinaturas no papel. Meu coração vibrava de prazer, pois eu não achava que o sexto fosse recusar. Fui até ele, que ouviu pacientemente, então observou:

– Sim, sim, Lizzie; o plano é justo, e você pode contar com meu nome. Mas devo me despedir de você quando for.

– Se despedir por um tempo – arrisquei-me a responder.

– Não, me despedir para sempre – ele olhou para mim como se conseguisse ver minha alma.

Fiquei chocada.

– O que quer dizer, sr. Farrow? O senhor acha que eu não pretendo voltar?

– Não.

– Não, o quê?

– Você *pretende* voltar, ou seja, *agora* você *pretende* voltar, mas não vai voltar. Quando chegar a Nova Iorque, os abolicionistas lhe dirão que somos selvagens e a convencerão a ficar lá, e nós nunca mais vamos vê-la.

– Mas eu lhe garanto, sr. Farrow, que o senhor está enganado. Eu não só *pretendo* voltar, mas eu *vou* voltar e vou devolver cada centavo dos mil e duzentos dólares pagos por mim e pelo meu filho.

Eu começava a ficar chateada, pois não poderia aceitar a assinatura desse homem se ele não confiava na minha promessa. Não; era preferível a escravidão eterna a ser vista com desconfiança por aqueles que eu estimava.

– Mas... eu não estou enganado – ele insistiu. – O tempo mostrará. Quando você for para o Norte, eu me despedirei de você.

Senti o coração pesado. Cada raio de sol se apagou. Com o orgulho ferido, o andar cansado, o rosto cheio de lágrimas e uma dor maçante e sofrida, deixei a casa. Andei pela rua mecanicamente. Nenhuma luz atravessava a nuvem agora. Os brotos de esperança haviam secado e morrido sem receber o beijo do orvalho da manhã. Não havia manhã para mim – tudo era noite, noite escura.

Chorando, cheguei em casa e me joguei na cama. Minha mala estava pronta, o almoço preparado por minha mãe me aguardava, as carruagens estavam prontas para me levar até onde eu não ouvisse mais o tinido das correntes, onde eu respiraria os ares livres e revigorantes do glorioso Norte. Eu havia sonhado coisas tão felizes. Na minha imaginação, eu havia bebido da água mais pura, doce e cristalina da vida, mas agora – agora – as flores haviam secado diante de meus olhos, a escuridão caindo sobre mim como uma mortalha, à mercê de sombras cruéis e zombeteiras.

A primeira onda de mágoa mal havia passado quando uma carruagem parou em frente à casa. A sra. Le Bourgois, uma de minhas gentis clientes, desceu e entrou pela porta, parecendo trazer a luz do sol no rosto belo e alegre. Ela veio até onde eu estava e, à sua maneira doce, disse:

– Lizzie, soube que você vai a Nova Iorque implorar por dinheiro para comprar sua liberdade. Estive pensando no assunto e disse à mamãe que seria uma vergonha deixar que você fosse para o Norte para *implorar* por algo que nós deveríamos *dar* a você. Você tem muitos amigos em St. Louis, e eu vou angariar os mil e duzentos dólares entre eles. Eu tenho duzentos dólares guardados para um presente; estou lhe devendo cem dólares; a mamãe deve cinquenta e vai acrescentar mais cinquenta; e, como eu não quero o presente, vou fazer do dinheiro um presente para você. Não vá para Nova Iorque agora até eu ver o que consigo fazer entre seus amigos.

Como um raio de sol ela veio e como um raio de sol ela se foi. As flores não estavam mais secas. Mais uma vez, pareciam florescer e crescer em fragrância e beleza. A sra. Le Bourgois, que Deus abençoe seu bom e doce coração, foi mais que bem-sucedida. Os mil e duzentos dólares foram angariados e finalmente meu filho e eu estávamos livres. Livres, livres! Que palavra gloriosa. Livres! A amarga luta havia chegado ao fim. Livres! Nossa alma poderia ir para o céu e para Deus sem correntes para lhe frear o voo. Livres! A terra parecia mais brilhante, e as estrelas pareciam cantar de alegria. Sim, livres! Livres pelas leis do homem e pela graça de Deus – que os céus abençoem os que me proporcionaram isso!

O trecho a seguir, copiado de documentos originais, contém, resumidamente, o histórico da minha emancipação:

Prometo dar a Lizzie e a seu filho George a liberdade, mediante o pagamento de 1.200 dólares.

ANNE P. GARLAND

27 de junho de 1855.

LIZZY: Envio-lhe esta nota para que a assine pela quantia de 75 dólares, e, quando eu lhe der a quantia total, peço que assine outra, pela quantia de 100 dólares.

ELLEN M. DOAN

No envelope, você encontrará 25 dólares; confira se está tudo certo antes que a garota vá embora.

Recebi de Lizzy Keckley a quantia de 950 dólares, que depositei no Darby & Barksdale por ela – 600 dólares no dia 21 de julho, 300 dólares nos dias 27 e 28 de julho, e 50 dólares no dia 13 de agosto de 1855.

Usarei a supracitada quantia em benefício de Lizzy, e pelo presente garanto-lhe o valor de um por cento ao mês – qualquer excedente deverá igualmente ser revertido a ela. Como poderão verificar, serei responsável por administrar o valor de um por cento, assim como a quantia total, quando ela precisar.

WILLIS L. WILLIAMS

ST. LOUIS, *13 de agosto de 1855.*

Saibam todos os que virem o presente documento que, em consideração ao amor e ao afeto que sentimos por nossa irmã, Anne P. Garland, de St. Louis, Missouri, e considerando a quantia de 5 dólares paga em mãos, vendemos e transferimos a ela, a supracitada Anne P. Garland, uma mulher negra chamada Lizzie, e um garoto negro, seu filho, chamado George. A mencionada Lizzie agora vive em St. Louis, é costureira, lá conhecida como Lizzie Garland, esposa de um homem de nome James, chamado James Keckley. O mencionado George é um garoto mulato, conhecido em St. Louis como George de Garland. Garantimos que esses dois escravos foram escravos a vida inteira, mas não fazemos considerações quanto à idade ou estado de saúde.

Damos fé e selamos, neste 10 de agosto de 1855.

JAS. R. PUTNAM, [L.S.]

E. M. PUTNAM, [L.S.]

A. BURWELL, [L.S.]

ESTADO DO MISSISSIPPI, CONDADO DE WARREN, CIDADE DE VICKSBURG. } SS.

Saibam quantos virem este instrumento legal que aos dez dias do mês de agosto do ano de mil oitocentos e cinquenta e cinco, diante de mim, Francis N. Steele, Comissário residente da cidade de Vicksburg, devidamente qualificado pela autoridade executiva e sob as leis do Estado do Missouri para reconhecimento, uso e registro dos feitos, compareceram perante mim James R. Putnam e sua esposa, E. M. Putnam, além de Armistead Burwell, outorgantes da precedente cessão, para os propósitos aqui mencionados. Declaro que a outorgante E. M. Putnam foi por mim interrogada à parte de seu marido, e, estando plenamente ciente do conteúdo da referida cessão, reconhece que a executou de livre e espontânea vontade e renuncia a seu dote e a qualquer outra reivindicação que possa ter em relação à propriedade aqui mencionada.

Dou fé e afixo meu selo oficial, neste 10 de agosto de 1855.

[L.S.] F. N. STEELE,

Comissário do Missouri

Saibam todos os que virem que eu, Anne P. Garland, do Condado e da Cidade de St. Louis, Estado do Missouri, considerando a quantia de 1.200 dólares paga pessoalmente a mim e em espécie, no presente dia, emancipo a escrava Lizzie e seu filho George. A mencionada Lizzie é conhecida em St. Louis como esposa de James, chamado James Keckley; é de pele clara, tem cerca de 37 anos de idade, é costureira

de profissão e chamada por aqueles que a conhecem de Lizzie de Garland. O mencionado garoto, George, é filho único de Lizzie, tem cerca de 16 anos de idade, de tez clara, e é chamado por aqueles que o conhecem de George de Garland.
Dou fé e selo, neste 13 de novembro de 1855.

ANNE P. GARLAND, [L.S.]
Testemunhas: JOHN WICKHAM,
WILLIS L. WILLIAMS.

Esfera judicial de St. Louis, 15 de novembro de 1855.
ESTADO DO MISSOURI, CONDADO DE ST. LOUIS. } SS.

Aos quinze dias do mês de novembro de mil oitocentos e cinquenta e cinco, compareceram ao tribunal John Wickham e Willis L. Williams, testemunhas inscritas e interrogadas sob juramento, para provar a execução e o reconhecimento do referido documento de emancipação outorgado por Anne P. Garland a Lizzie e seu filho George. Que tal prova de reconhecimento entre no registro da corte daquele dia.

Dou fé e afixo o selo da mencionada corte, sediada na Cidade de St. Louis, no dia e ano supracitados.

[L.S.] WM. J. HAMMOND, Secretário.

ESTADO DO MISSOURI, CONDADO DE ST. LOUIS. } SS.

Eu, Wm. J. Hammond, Secretário da Esfera Judicial, inscrito no condado supracitado, certifico que o precedente documento é uma cópia verdadeira de um ato de emancipação outorgado por Anne P. Garland a Lizzie e seu filho George, de igual teor ao original, que permanece em meu escritório.

Dou fé e afixo o selo da mencionada corte, sediada na Cidade de St. Louis, neste décimo quinto dia do mês de novembro de 1855.

WM. J. HAMMOND, Secretário.
Por WM. A. PENNINGTON, D.C.

ESTADO DO MISSOURI, CONDADO DE ST. LOUIS. } SS.

Eu, o abaixo-assinado Tabelião do referido condado, certifico que o documento supracitado foi arquivado em meu escritório aos catorze dias do mês de novembro de 1855 e consta fielmente registrado no Livro n. 169, à página 288.

Dou fé e afixo o selo oficial, na data supracitada.

[L.S.] C. KEEMLE, Tabelião.

Na família do senador Jefferson Davis

Aceitei os mil e duzentos dólares com os quais comprei minha liberdade e a de meu filho apenas na condição de empréstimo. Trabalhei muito, e em pouco tempo paguei cada centavo que foi tão gentilmente adiantado por minhas clientes de St. Louis. Durante todo esse período, meu marido foi um fardo e uma fonte de problemas para mim. O trabalho tão rente às agulhas trouxe consequências para minha saúde e, exausta de tanto trabalhar, tomei uma decisão. Tive uma conversa com o sr. Keckley, informando-o de que, uma vez que ele insistia na devassidão, precisávamos nos separar; eu iria para o Norte e nunca mais viveria com ele, pelo menos até ter provas concretas de sua correção. Sua vida se degradava rapidamente e, embora eu me dispusesse a trabalhar por ele, não compartilharia de sua degradação. Pobre homem; ele tinha seus defeitos, sobre os quais a morte deitou seu véu. Meu marido agora dorme em seu túmulo, onde enterrei todas as memórias desagradáveis que tenho dele.

Deixei St. Louis na primavera de 1860, pegando o trem direto para Baltimore, onde fiquei por um mês e meio, tentando juntar dinheiro montando turmas de mulheres negras para ensinar meu padrão de corte e o ajuste de vestidos. A ideia não teve sucesso, pois, após seis semanas de trabalho e muitos aborrecimentos, deixei Baltimore com uma quantia que mal dava para pagar minha passagem para Washington. Chegando na capital, procurei e consegui trabalho a dois dólares e meio por dia. No entanto, como fui notificada de que poderia ficar na cidade somente dez dias sem ter uma licença – a lei funcionava assim –, e como eu não sabia a quem solicitar ajuda, fiquei profundamente preocupada. Eu também precisava de alguém que atestasse às autoridades que eu era uma mulher livre. O dinheiro que eu possuía era escasso demais, e minha profissão, muito precária para garantir a compra de uma licença. Atônita, procurei uma cliente para quem eu costurava, a srta. Ringold, membro da família do general Mason, da Virgínia. Expus a ela minha situação, e ela gentilmente se ofereceu para prestar toda ajuda que estivesse a seu alcance. Ela me acompanhou até o gabinete do prefeito Burritt e conseguiu fazer um acordo para eu permanecer em Washington sem pagar a quantia necessária para a licença; além disso, eu não deveria ser incomodada. Aluguei um apartamento bem localizado e logo consegui uma boa clientela. O verão passou, o inverno chegou, e eu ainda estava em Washington. A sra. Davis, esposa do senador Jefferson, chegou do Sul em novembro de 1860, com o marido. Ao saber que ela procurava uma modista, eu me apresentei e fui contratada sob a recomendação de uma de minhas clientes e sua amiga íntima, a esposa do capitão Hetsill. Fui até a casa da sra. Davis para trabalhar, mas, ao descobrir que eles levantavam tarde e como eu tinha de ajustar vários vestidos no corpo dela, propus reservar-lhe metade do dia, para na outra metade trabalhar em meu próprio espaço, para algumas de minhas outras clientes. A sra. D. aceitou a proposta, e ficou combinado que eu fosse até a casa dela diariamente, sempre depois do meio-dia. Isso aconteceu no inverno anterior à deflagração daquela guerra feroz e sangrenta entre as duas porções do país, e, como o sr. Davis ocupava uma posição de liderança, sua casa era refúgio de políticos e estadistas sulistas.

Quase todas as noites, como descobri pelos criados e outros membros da família, eram realizadas reuniões secretas na casa, algumas delas estendendo-se até bem tarde. O sr. e a sra. Davis e seus amigos discutiam abertamente diante de mim sobre a possibilidade de uma guerra. As festas de fim de ano se aproximavam, e a sra. Davis me manteve ocupada com a costura de roupas para ela e para as crianças. Ela queria presentear o sr. Davis no Natal com um belo robe. O material foi comprado, e durante semanas trabalhei nele. Chegada a véspera de Natal, o robe ainda estava inacabado, tantas foram as vezes que interrompi sua costura. Percebi que a sra. D. estava ansiosa para que terminássemos, então me ofereci para ficar. As horas se arrastaram, cansativas e sem descanso para meus dedos ocupados. Persisti na tarefa, embora minha cabeça doesse. A sra. Davis estava ocupada no cômodo ao lado, preparando a árvore de Natal para as crianças. Olhei para o relógio. Os ponteiros mostravam quinze para a meia-noite. Eu estava finalizando o cordão do robe quando o senador entrou. Parecia um pouco aflito, os passos, um pouco nervosos. Ele se apoiou na porta e admirou a árvore de Natal, tristonho. Virou-se, me viu sentada no cômodo ao lado e logo exclamou:

– É você, Lizzie?! Por que ainda está aqui? Ainda trabalhando? Espero que a sra. Davis não esteja sendo exigente demais!

– Não, senhor – respondi. – A sra. Davis estava muito ansiosa para ver este robe pronto hoje, e eu me ofereci para ficar e terminar o serviço.

– Ora, ora, o caso deve ser urgente – ele caminhou lentamente na minha direção, pegou o robe nas mãos e perguntou a cor da seda, dizendo que a luz do candeeiro enganava seus velhos olhos.

– É uma seda furta-cor, sr. Davis – respondi, e talvez teria acrescentado que era bela e luxuosa, mas não o fiz, sabendo bem que ele descobriria isso pela manhã.

Ele deu um sorriso curioso, mas virou e saiu sem perguntar mais nada. Inferiu que o robe era para ele, que seria um presente de Natal da esposa, e não quis estragar o prazer que ela sentiria ao acreditar que o presente era uma surpresa. A esse respeito, como a muitos outros que cercam o universo familiar, ele sempre me pareceu um homem atencioso e cuidadoso.

Quando o relógio soou meia-noite, terminei o robe, sem imaginar o que o aguardava. Não tenho dúvida de que foi usado pelo sr. Davis durante os turbulentos anos em que presidiu os Estados Confederados.

As festas de fim de ano passaram, e antes do fim de janeiro a guerra era discutida na família do sr. Davis como um acontecimento certo. A sra. Davis era muito apegada a Washington e frequentemente a ouvi dizer que não gostava da ideia de desfazer parcerias antigas e ir para o Sul, para passar privações e dificuldades. Certo dia, enquanto discutia a questão em minha presença com uma de suas amigas íntimas, ela exclamou:

— Prefiro permanecer em Washington e ser esquecida a ir para o Sul e ser a primeira-dama.

A amiga demonstrou surpresa ao ouvir a observação, e a sra. Davis insistiu que sua opinião era sincera.

Outro dia, enquanto eu a vestia, ela me disse:

— Lizzie, você é tão habilidosa que eu gostaria de levá-la para o Sul comigo.

— Quando a senhora vai para o Sul, sra. Davis? – perguntei.

— Ah, não sei dizer neste instante, mas não vai demorar. Você sabia que vai acontecer uma guerra, Lizzie?

— Não!

— Mas estou dizendo que vai.

— Quem vai entrar em guerra? – perguntei.

— O Norte e o Sul – foi a resposta imediata. – Os sulistas não aceitam se submeter às exigências humilhantes do partido da abolição. Eles vão lutar.

— E quem a senhora acha que vai vencer?

— O Sul, é claro. O Sul é impulsivo, determinado, e os soldados sulistas vão lutar para vencer. O Norte vai preferir se render a entrar em uma guerra longa e sangrenta.

— Mas, sra. Davis, a senhora está certa de que haverá uma guerra?

— Sim! Eu tenho certeza. É melhor você ir para o Sul comigo; eu vou cuidar bem de você. Além disso, quando a guerra for deflagrada, as pessoas de cor vão sofrer no Norte. O povo do Norte vai ver essas pessoas como a causa da guerra, e temo que, em sua frustração, eles as tratem com crueldade. Então, eu posso voltar para Washington em alguns meses e viver na Casa Branca. Os sulistas falam em escolher o sr. Davis para presidente. Na verdade, é praticamente certo que ele vai ser o presidente. Assim que formos para o Sul e nos separarmos dos outros estados, vamos levantar um exército e marchar sobre Washington, e então eu vou passar a viver na Casa Branca.

Fiquei desnorteada com o que ouvi. Eu servia lealmente à sra. Davis, e ela depositara muita confiança em mim. De início, fiquei tentada a ir com ela, pois seu raciocínio parecia plausível. Nesse dia, a conversa se encerrou com minha promessa de pensar sobre o assunto.

Pensei muito. Quanto mais eu pensava, menos propensa me sentia a aceitar a proposta feita com tanta gentileza pela sra. Davis. Eu sabia que o Norte era forte e acreditava que as pessoas lutariam pela bandeira que aparentavam venerar. O Partido Republicano havia acabado de sair de uma campanha acalorada e bastante vitoriosa, e eu não conseguia pensar que seus militantes abririam mão pacificamente de tudo o que haviam conquistado na campanha presidencial. Eu acreditava que uma demonstração de guerra do Sul levaria a uma guerra de verdade no Norte, e, com as duas regiões fortemente armadas uma contra a outra, eu preferia apostar nos nortistas.

Despedi-me da sra. Davis com ternura, prometendo me juntar a ela no Sul se resolvesse mudar de opinião. Algumas semanas antes de ela deixar Washington, costurei-lhe duas túnicas de chita. Ela disse que precisava deixar de lado as roupas caras por um tempo e que ela e os sulistas deviam aprender a ser econômicos, agora que a guerra era iminente. Ela deixou alguns bordados comigo, os quais, quando finalizei, encaminhei-os a ela, em Montgomery, Alabama, no mês de junho, com a ajuda da sra. Emory, uma de suas melhores e mais antigas amigas.

Desde que nos despedimos em Washington, no início de 1860, nunca mais encontrei nenhum membro da família Davis. Anos de entusiasmo, de derramamento de sangue, e centenas de milhares de túmulos se sucederam entre os meses que passei com a família e agora. Anos que trouxeram terríveis mudanças, e até mesmo eu, que um dia fui escrava e punida cruelmente com o chicote, que experimentei as torturas da alma e do coração infligidas na vida de um escravo, posso dizer ao sr. Jefferson Davis:

– Paz! Você sofreu! Vá em paz.

No inverno de 1865, eu estava em Chicago, e um dia visitei a grande feira de caridade organizada em prol das famílias dos soldados mortos ou feridos na guerra. Em uma parte da construção havia uma estátua de cera de Jefferson Davis, usando, sobre as demais peças, a túnica que, segundo relatos, ele vestia quando foi capturado. Havia sempre uma multidão em volta da estátua, e naturalmente fui atraída até lá. Abri caminho e, ao examinar a túnica, tive a agradável surpresa de constatar que se tratava da túnica de chita que eu havia feito para a sra. Davis, pouco antes de ela partir de Washington para o Sul. Quando anunciaram que eu reconhecera a túnica como uma das que eu havia feito para a esposa do falecido presidente da Confederação, houve grande comemoração e entusiasmo, e logo virei objeto da mais profunda curiosidade. Grandes multidões me seguiram e, para escapar da embaraçosa situação, afastei-me.

Acredito que agora todos sabem que, ao ser capturado, o sr. Davis vestia uma capa à prova d'água, e não uma túnica, como foi divulgado inicialmente. Isso não invalida nenhuma parte da minha história. A túnica que estava na estátua de cera na feira de Chicago sem dúvida era a de chita que costurei para a sra. Davis em janeiro de 1860, em Washington. Suponho que, uma vez que ela não foi encontrada no corpo do presidente fugitivo do Sul, ela foi tirada dos baús da sra. Davis, capturada na mesma ocasião. Seja como for, a coincidência é, ainda assim, curiosa e impressionante.

Quando fui apresentada à sra. Lincoln

Desde que cheguei a Washington, tive um grande desejo de trabalhar para as senhoras da Casa Branca e, para alcançar esse objetivo, estava pronta para fazer quase qualquer sacrifício, desde que fosse decente. O trabalho vinha devagar, e eu começava a me sentir desconfortável, pois não sabia como conseguiria pagar as contas que me desafiavam. É verdade que elas não eram muito altas, mas para mim eram de bom tamanho, uma vez que tinha pouco ou nada com que pagá-las. Nessa ocasião, visitei os Ringolds, onde conheci a esposa do capitão Lee. A sra. L. estava em um estado que beirava a excitação, posto que o grande evento da estação, o jantar em homenagem ao Príncipe de Gales, estava próximo, e ela precisava de um vestido adequado para a comemoração. A seda havia sido comprada, mas faltava uma modista. A sra. Ringold me indicara e logo recebi a encomenda do vestido. Quando visitei a sra. Lee no dia seguinte, seu marido estava na sala e, entregando-me um bolo de notas de dinheiro, que somavam cem dólares, pediu-me que comprasse os acabamentos e que não economizasse na escolha. Com o dinheiro no bolso, entrei na Harper & Mitchell e pedi para dar uma olhada nas rendas. O sr. Harper me atendeu pessoalmente, muito educado e gentil. Quando pedi para levar as rendas para a sra. Lee escolher, o sr. Harper assentiu prontamente. Quando o lembrei de que eu era uma desconhecida e que as mercadorias eram valiosas, ele enfatizou que não tinha medo de confiar em mim, que acreditava que minhas feições indicavam um caráter honesto. Era agradável ouvir essas considerações e jamais esquecerei as palavras gentis do sr. Harper. Eu me lembro delas com frequência, pois as associo com o despertar de uma fase mais iluminada de minha sombria vida. Comprei os acabamentos, e o sr. Harper me ofereceu uma comissão de vinte e cinco dólares pela compra. O vestido foi feito no prazo e foi um sucesso. A sra. Lee chamou muita atenção no jantar, e seu elegante vestido funcionou como um ótimo cartão de visitas para mim. Recebi várias encomendas e me livrei de todos os constrangimentos financeiros. Uma de minhas clientes era a sra. McClean, filha do general Sumner. Um dia, quando eu estava bastante ocupada, ela veio até meu apartamento, entrou e, com seu tom enfático, disse:

– Lizzie, fui convidada para um jantar no Willard's no próximo domingo e não tenho um vestido adequado para a ocasião. Acabei de comprar o material, e você precisa começar a trabalhar nele imediatamente.

– Mas, sra. McClean – respondi –, eu tenho outros trabalhos no momento que prometi entregar. É impossível fazer um vestido para o próximo domingo.

– Bobagem! Nada é impossível. Preciso do vestido pronto para domingo – ela se apressou a dizer, impaciente.

– Sinto muito – comecei, mas ela me interrompeu.

– Não repita isso. Estou lhe dizendo que você precisa fazer o vestido. Já ouvi você dizer várias vezes que gostaria de trabalhar para as senhoras da Casa Branca. Bom, eu sou capaz de conseguir esse privilégio para você. Conheço bem a sra. Lincoln, e você vai fazer um vestido para ela, desde que termine o meu a tempo para o jantar de domingo.

O incentivo não poderia ter sido melhor. Eu faria o vestido nem que tivesse de ficar acordada todas as noites, até de madrugada, para cumprir a promessa. Fiz um anúncio e contratei assistentes e, depois de muita preocupação e alguns contratempos, finalizei o vestido, e a sra. McClean ficou satisfeita. Ao que parece, a sra. Lincoln havia derrubado uma xícara de café no vestido que pensava usar na noite da recepção após a posse de Abraham Lincoln como presidente dos Estados Unidos, o que fazia necessário que ela providenciasse um novo para a ocasião. Ao perguntar à sra. McClean quem era sua modista, esta informou prontamente:

– Lizzie Keckley.

– Lizzie Keckley? O nome não me é estranho. Ela trabalhava para algumas amigas minhas em St. Louis, e elas falavam muito bem dela. Você indica o trabalho dela?

– Com certeza. Peço a ela que venha até você?

– Se não se importar... Obrigada pela gentileza.

No domingo seguinte, a sra. McClean me enviou uma mensagem dizendo que eu fosse até a casa dela às quatro da tarde do mesmo dia. Como ela não dizia a que se devia minha visita, decidi esperar até segunda de manhã, quando, às nove, fui à casa dela. As ruas da capital estavam lotadas, pois era o Dia da Posse. Um novo presidente, um homem do povo das amplas pradarias do Oeste, faria o juramento solene, assumindo as responsabilidades ligadas ao alto cargo de Primeiro Magistrado dos Estados Unidos. Nunca se manifestou um interesse tão profundo pelos procedimentos da posse como naquele dia: ameaças de morte foram feitas, e cada brisa do Sul vinha carregada de rumores de guerra. Nos arredores do Hotel Willard's, uma multidão agitada se aglomerava, e foi com muita dificuldade que abri caminho até a casa dos McCleans, que ficava do outro lado da rua. A sra. McClean não estava, mas um assessor do general logo me chamou, informando-me de que minha presença era aguardada no hotel. Atravessei a rua e, ao entrar no saguão, encontrei a sra. McClean, que me cumprimentou:

– Lizzie, por que você não veio ontem como lhe pedi? A sra. Lincoln queria ver você, mas temo que agora seja tarde demais.

– Sinto muito, sra. McClean. A senhora não disse o que queria de mim, então pensei que poderia vir hoje pela manhã.

– Você deveria ter vindo ontem – ela insistiu. – Vá até o quarto da sra. Lincoln – ela disse e me deu o número. – Talvez ela ainda tenha algum trabalho para você.

Com o andar apreensivo, segui em frente e bati à porta do quarto da sra. Lincoln. Uma voz animada me pediu para entrar, e uma senhora meio corpulenta, por volta de uns 40 anos, surgiu diante de mim.

– Você deve ser Lizzie Keckley.

Eu me curvei, assentindo.

– A modista que a sra. McClean indicou?

– Sim, senhora.

– Muito bem. Não tenho tempo para falar com você agora, mas gostaria que fosse até a Casa Branca amanhã às oito.

Despedi-me respeitosamente, saí do quarto e voltei para meu apartamento. O dia passou devagar com tantas especulações a respeito do encontro marcado para a manhã seguinte. A esperança que havia muito eu cultivava estava prestes a se realizar, e eu estava inquieta.

Terça de manhã, às oito horas, entrei na Casa Branca pela primeira vez. Fui levada a uma sala de espera e informada de que a sra. Lincoln tomava seu café da manhã. Ali, encontrei nada menos que três modistas esperando uma entrevista com a esposa do novo presidente. Aparentemente, a sra. Lincoln dissera a várias amigas que precisava urgentemente de uma costureira, e cada uma mandou sua modista à Casa Branca. A esperança se desfez de imediato. Com tantas concorrentes à vaga que eu buscava, considerei que minha chance de sucesso era extremamente duvidosa. Fui a última a ser chamada à presença da sra. Lincoln. Todas as outras fizeram a entrevista e foram dispensadas. Subi as escadas timidamente e entrei no cômodo com um caminhar apreensivo. Encontrei a esposa do presidente sentada a uma janela, olhando para fora, envolvida em uma conversa animada com uma senhora, a sra. Grimsly, como depois vim a saber. A sra. L. se aproximou e me cumprimentou com entusiasmo.

– Você finalmente veio. Sra. Keckley, para quem já trabalhou na cidade?

– Entre outras, a sra. Davis tem sido uma de minhas melhores clientes – foi minha resposta.

– A sra. Davis! Então você trabalhou para ela? É claro que a deixou satisfeita. Até aqui, ótimo. Você pode trabalhar para mim?

– Sim, sra. Lincoln. A senhora pretende fazer muitas encomendas comigo?

– Isso, sra. Keckley, vai depender inteiramente de seus preços. Acredito que suas condições sejam razoáveis. Não posso me dar ao luxo de ser extravagante. Acabamos de chegar do Oeste e não somos ricos. Se a senhora não cobrar muito, poderei encomendar tudo com você.

– Não acho que os preços sejam obstáculos, sra. Lincoln; minhas condições são razoáveis.

– Bom, se seu trabalho for barato, você terá muita coisa para fazer. Não posso pagar muito, então estou sendo franca desde o começo.

Os termos foram acordados satisfatoriamente, e tirei as medidas da sra. Lincoln. Levei o vestido comigo, um moiré rosa-escuro, e voltei no dia seguinte para fazer a prova. Várias senhoras estavam lá, todas nos preparativos para a recepção de sexta-feira. Essas senhoras, descobri, eram parentes da sra. L. – a sra. Edwards e a sra. Kellogg, irmãs dela, e Elizabeth Edwards e Julia Baker, suas sobrinhas. Naquela manhã, a sra. Lincoln usava um vestido de caxemira, volumoso na frente, e um enfeite simples na cabeça. As outras senhoras vestiam túnicas.

Eu estava trabalhando duro no vestido quando me informaram de que a recepção havia sido adiada da noite de sexta para a noite de terça. Isso, é claro, me deu mais tempo para finalizar minha tarefa. A sra. Lincoln mandou me chamar e sugeriu uma alteração no modelo, que foi feita. Também solicitou que eu fizesse um corpete de seda *moiré* azul para a sra. Grimsly, uma vez que o vestido não tomaria todo o meu tempo.

A noite de terça chegou, e eu acabei de dar os últimos pontos no vestido. Dobrei-o e levei-o até a Casa Branca, com o corpete para a sra. Grimsly. Quando subi, encontrei as senhoras em um terrível estado de agitação. A sra. Lincoln dizia que não poderia descer, porque não tinha nada para vestir.

– Sra. Keckley, você me decepcionou. Por que está trazendo meu vestido tão tarde?

– Porque acabei de finalizá-lo e pensei que chegaria a tempo.

– Mas você não chegou a tempo, sra. Keckley. Você me decepcionou amargamente. Não tenho tempo para me vestir, aliás não vou me vestir nem descer.

– Sinto muito se a decepcionei, sra. Lincoln. Eu pretendia chegar a tempo. A senhora permite que eu a vista? Posso deixá-la pronta em alguns minutos.

– Não, não vou me vestir. Vou ficar no meu quarto. O sr. Lincoln pode descer com as outras senhoras.

– Mas você tem bastante tempo para se vestir, Mary – a sra. Grimsly e a sra. Edwards entraram na conversa. – Deixe a sra. Keckley ajudá-la e logo estará pronta.

Com o incentivo, a sra. Lincoln aceitou. Arrumei seu cabelo e a vesti. O ajuste estava ótimo, e ela ficou satisfeita. O sr. Lincoln entrou, se jogou no sofá, riu com Willie e com o pequeno Tad, e começou a calçar as luvas, recitando poesias sem parar.

– Parece que está com ânimo poético esta noite – disse a esposa.

– Sim, mãe, são tempos poéticos – foi a agradável resposta. – Vejo que está encantadora nesse vestido que a sra. Keckley finalizou com muito sucesso.

E passou a elogiar as outras senhoras.

A sra. Lincoln estava elegante em seu *moiré* rosa-escuro. Usava colar, brincos e braceletes de pérolas, e rosas vermelhas no cabelo. A sra. Baker vestia uma seda verde-limão; a sra. Kellogg, uma seda de um rosa-acinzentado; a sra. Edwards, uma seda marrom e preta; a srta. Edwards, um vestido carmesim; e a sra. Grimsly, um *moiré* azul. Um pouco antes de descerem, o lenço de renda da sra. Lincoln foi objeto de intensa busca. Tad, que era travesso e difícil de controlar, havia tirado o lenço do lugar. Encontrado o lenço, todos ficaram tranquilos. A sra. Lincoln pegou o braço do presidente e, sorridente, guiou o cortejo escada abaixo. Fiquei surpresa com sua graça e compostura. Tinha ouvido tantos relatos maliciosos e recorrentes sobre sua vida pouco refinada, sua ignorância e vulgaridade, que esperava vê-la constrangida naquela ocasião. Mas logo percebi que os relatos eram falsos. Nenhuma rainha, habituada aos costumes da realeza durante toda a vida, teria se comportado com mais calma e dignidade do que a esposa do presidente. Ela era confiante e segura de si, e a confiança sempre confere graça às pessoas.

A recepção foi fantástica, e a única da temporada. Eu me tornei a modista permanente da sra. Lincoln. Fiz quinze ou dezesseis vestidos para ela durante a primavera e o início do verão, quando ela deixou Washington para passar a estação quente em Saratoga, Long Branch e outros lugares. Nesse meio-tempo, trabalhei para a esposa do senador Douglas, uma das senhoras mais adoráveis que já conheci, e para a esposa do secretário Wells e do secretário Stanton, entre outras. A sra. Douglas sempre vestia preto, com muito bom gosto, e muitas senhoras de destaque da sociedade de Washington a invejavam.

O leito de morte de Willie Lincoln

A sra. Lincoln voltou a Washington em novembro, e mais uma vez o dever me chamou à Casa Branca. A guerra se iniciara, e todos os dias eram trazidas notícias comoventes do *front*, onde o exército cinza combatia o azul, com reluzentes sabres brilhando ao sol, onde eram ouvidas as notas furiosas da batalha, o rugido profundo dos canhões e o temido retinir da mosquetaria. Novos túmulos eram cavados todos os dias. À revelia das bênçãos maternas, irmão sangrava irmão, amigo esfaqueava amigo. Ah, o *front*, com suas montanhas pavorosas de mortos! A vida da nação estava em risco, e, se a terra estava cheia de tristeza, não podia haver muita alegria na capital. Os dias se passaram tranquilos para mim. Logo descobri que algumas pessoas desejavam intensamente entrar no círculo íntimo da Casa Branca. Nenhum presidente que tenha ocupado a mansão anteriormente provocou tanta curiosidade quanto os residentes daquela época. O sr. Lincoln havia crescido no Oeste selvagem, e relatos maldosos diziam muito sobre ele e a esposa. O mundo civilizado estava em choque, e a tendência ao exagero intensificava a curiosidade. Assim que as pessoas souberam que eu era a modista da sra. Lincoln, grupos se reuniram à minha volta e fingiram amizade, com a esperança de me induzir a entregar os segredos do círculo doméstico. Certo dia, uma mulher, não vou chamá-la de senhora, veio até meu apartamento, encomendou um vestido e insistiu em adiantar parte do pagamento. Ela me visitava todos os dias e era exageradamente gentil.

Quando veio buscar a encomenda, observou com cautela:

– Sra. Keckley, você conhece a sra. Lincoln?

– Sim.

– É a modista dela, não é?

– Sim.

– Você a conhece muito bem, não conhece?

– Estou com ela quase todos os dias.

– Você não acha que teria alguma influência sobre ela?

– Não sei. Imagino que a sra. Lincoln ouviria qualquer coisa que eu viesse a sugerir, mas se ela seria influenciada por uma sugestão minha é outra questão.

– Tenho certeza de que poderia influenciá-la, sra. Keckley. Agora ouça: tenho uma proposta a lhe fazer. Tenho uma enorme vontade de frequentar a Casa Branca. Ouvi tanto sobre a bondade do sr. Lincoln que gostaria de estar perto dele; e, se não houver outra maneira de entrar na Casa Branca, estou disposta a trabalhar lá. Minha querida sra. Keckley, você não me indicaria à sra. Lincoln como uma amiga que está desempregada e não pediria a ela que me empregasse como arrumadeira? Se fizer isso, será bem recompensada. Com o tempo, isso pode lhe render alguns milhares de dólares.

Olhei para a mulher com espanto. Um suborno e trair a confiança de minha patroa?! Virei-me para ela com um olhar de desprezo e respondi:

– Madame, a senhora está enganada quanto ao meu caráter. Antes de trair a confiança de uma amiga, eu me jogaria no Potomac. Não sou baixa assim. Perdoe-me, mas o caminho da porta é ali. Peço que nunca mais entre em meu apartamento.

Confusa, ela se levantou e saiu, resmungando:

– Muito bem. Você vai se arrepender por isso.

– Nunca! – exclamei e bati a porta atrás dela.

Depois descobri que essa mulher era atriz e que seu objetivo era entrar na Casa Branca como criada, descobrir seus segredos e publicar um escândalo para o mundo inteiro. Não cito seu nome, pois divulgá-lo poderia ferir os sentimentos de amigos, que teriam de compartilhar de sua desgraça sem terem sido responsáveis por seus erros. Apenas registro o acontecimento para mostrar a frequência com que fui abordada por pessoas sem princípios. É necessário dizer que recusei, indignada, cada suborno oferecido.

A primeira aparição pública da sra. Lincoln naquele inverno foi na festa de Ano-Novo, à qual se seguiu uma esplêndida recepção. No dia seguinte, fui até a Casa Branca e, enquanto fazia a prova de um vestido na sra. Lincoln, ela disse:

– Lizabeth – ela havia aprendido que meu nome não se iniciava com "E" –, Lizabeth, eu tenho uma ideia. Estamos em tempos de guerra e precisamos economizar ao máximo. Você sabe que é esperado que o presidente ofereça vários jantares oficiais durante o inverno e que esses jantares são muito caros. Então, quero evitar essa despesa, e minha ideia é que, se eu der três grandes festas, os jantares oficiais podem ser excluídos da programação. O que você acha, Lizabeth?

– Acho que a senhora tem razão, sra. Lincoln.

– Fico feliz que diga isso. Se eu conseguir fazer com que o sr. Lincoln também pense assim, conseguirei colocar a ideia em prática.

Antes que eu deixasse seu quarto naquele dia, o sr. Lincoln entrou. Ela logo lhe expôs o caso, e ele pensou por um momento antes de responder:

– Mãe, temo que seu plano não vai dar certo.

– Mas *vai* dar certo se você quiser que *dê* certo.

– É quebrar as regras habituais – ele respondeu com mansidão.

– Você está se esquecendo, pai, de que estamos em tempos de guerra e que velhas regras podem ser descartadas. A ideia vai poupar recursos, você precisa admitir.

– Sim, mãe, mas precisamos pensar para além dos recursos.

– Tenho outra sugestão. Festas públicas são mais democráticas que jantares formais idiotas... são mais condizentes com o espírito das instituições do nosso país, como você diria em um discurso eleitoreiro. Há muitos estrangeiros e pessoas desconhecidas na cidade que podemos receber nessas festas, mas que não precisamos convidar para os nossos jantares.

– Acho que você tem razão, mãe. Creio que vamos ter de optar pelas festas.

O dia seguiu. A questão estava decidida, e começaram as programações para a primeira festa. Era janeiro, e os convites foram enviados em fevereiro.

As crianças, Tad e Willie, sempre recebiam presentes. Willie ficou tão encantado com um pequeno pônei que insistia em montá-lo todos os dias. O tempo estava instável, e sua exposição resultou em um severo resfriado, agravado por uma intensa febre. Ele ficou muito doente, e fui chamada para cuidar dele. Era triste ver o pobre garoto sofrer. De compleição delicada, ele não resistia ao avanço da doença. Os dias se arrastavam, exaustivos, e ele se tornava cada vez mais fraco e pálido. Era o filho preferido, e a sra. Lincoln o idolatrava. Ela sofria ao vê-lo padecer. Quando saudável, ele era sua constante companhia. Todas as vezes que eu entrava no quarto da sra. Lincoln, quase sempre o encontrava lá, aninhado em uma poltrona, com lápis e papel na mão ou os olhos azuis percorrendo as páginas de um livro. Ele se interessava por literatura e era um garoto estudioso. Um pouco antes de sua morte, ele escreveu este pequeno e singelo poema:

WASHINGTON, D. C., 30 de outubro de 1861.

CARO SENHOR:
Apresento-lhe minha primeira tentativa de poesia.

Cordialmente,
WM. W. LINCOLN

Para o editor do National Republican.

VERSOS SOBRE A MORTE DO
CORONEL EDWARD BAKER

Não houve patriota como Baker,
Tão nobre e tão fiel;
Caiu como soldado no campo,
Olhando o azul do céu.

Sua voz silenciosa no salão
Que sua presença agraciava;
Não mais ouvirá o aplauso
Que soava e soava.

Nenhum aperto enchia seu peito.
A União era seu tema;
"Não se render e não se entregar"
Seu sonho diário e seu lema.

Àqueles que ele deixou para trás;
A Nação tem sua conta a pagar;
Sua viúva e todos os seus filhos,
A nação deve lembrar.

Ao saber que Willie seguia piorando, a sra. Lincoln decidiu cancelar os convites e adiar a festa. O sr. Lincoln se opôs, sugerindo que o médico fosse consultado antes de tomar qualquer medida. Assim, o dr. Stone foi chamado. Ele declarou que Willie estava melhor e que tudo indicava uma breve recuperação. Uma vez que os convites haviam sido enviados, julgou melhor seguir com os preparativos da festa, insistindo que Willie não corria risco imediato. A sra. Lincoln foi orientada por esses conselhos e nenhum adiamento foi anunciado. Na noite da festa, Willie subitamente piorou. A sra. Lincoln ficou um bom tempo sentada ao lado de sua cama, segurando sua mão febril e observando sua respiração difícil. O médico argumentou que não havia motivo para alarme. Arrumei o cabelo da sra. Lincoln e a ajudei a se vestir. Seu vestido era de cetim branco, com detalhes em renda preta e uma longa cauda. De costas para a lareira, as mãos atrás do corpo, os olhos no chão e a expressão séria e pensativa, o sr. Lincoln desviou o olhar para o vestido de cetim da esposa. Diante do farfalhar do elegante traje, com seu tom singular e tranquilo, comentou:

– Uau! Nossa gata tem uma cauda comprida esta noite.

A sra. Lincoln não respondeu, ao que o presidente acrescentou:

– Mãe, na minha opinião, se um pouco desta cauda cobrisse um pouco mais seu colo, seria mais elegante.

Olhou para o maravilhoso colo desnudo da esposa. O decote lhe caía bem. Ela se virou com uma expressão de dignidade ofendida, tomou imediatamente o braço do presidente, e ambos desceram as escadas em direção aos convidados, deixando-me sozinha com o menino doente.

A festa foi magnífica. As ricas notas da Banda dos Fuzileiros Navais no primeiro andar chegavam ao quarto em murmúrios suaves, como o soluço enfraquecido de espíritos distantes. Alguns jovens sugeriram que dançassem, mas o sr. Lincoln respondeu à sugestão com uma enfática proibição. O esplendor da cena não era capaz de dispersar a tristeza que repousava no rosto da sra. Lincoln. No decorrer da noite, ela foi ao quarto do filho várias vezes e ficou ao lado da cama dele. Ela o amava profundamente, e a ansiedade que sentia era enorme. A noite passou devagar; a manhã chegou, e Willie estava pior. Ele suportou alguns dias, mas não resistiu. Deus chamou seu lindo espírito, e a alegre casa se transformou em uma casa enlutada. Eu estava descansando no momento em que Willie morreu, mas fui chamada logo em seguida. Ajudei a lavá-lo e vesti-lo, depois o deitei na cama, quando o sr. Lincoln entrou. Nunca vi um homem tão curvado de tristeza. Ele veio até a cama, levantou a coberta do rosto do filho, olhou para ele longa e profundamente e murmurou:

– Meu pobre garoto, ele era bom demais para este mundo. Deus o chamou de volta para o seu lar. Eu sei que ele está bem melhor no céu, mas nós o amávamos tanto! Como é difícil suportar sua morte!

Soluços profundos sufocaram-lhe a fala. Ele enterrou a cabeça nas mãos, e sua estrutura alta se convulsionou de emoção. Fiquei ao pé da cama, os olhos cheios de lágrimas, observando o homem com uma admiração silenciosa e reverente. Sua dor o irritava e fazia dele uma criança fraca e inerte. Eu não imaginava que sua natureza robusta fosse capaz de tamanha comoção. Nunca me esquecerei daqueles momentos solenes – a generosidade e a grandiosidade chorando a perda do objeto de seu amor. A nobreza e a simplicidade da cena jamais deixarão minha memória. Acredito que levarei essa lembrança comigo para além do meu escuro e misterioso leito de morte.

A dor da sra. Lincoln era inconsolável. Ela tremia diante do rosto pálido e sem vida de seu garoto. Em volta dele, as gavinhas do amor se entrelaçavam, e agora que ele estava vestido para o sepultamento, era como cortá-las pela raiz. A sra. Lincoln costumava dizer que, se Willie houvesse sido poupado pela Providência, teria sido a esperança e o apoio de sua velhice. Mas a Providência não o poupara. A luz se apagara de seus olhos, e o orvalho da morte se acumulara em sua fronte.

Durante um de seus ataques de tristeza, o presidente se curvou gentilmente diante da esposa, pegou-a pelo braço e levou-a até a janela. Com um gesto solene e imponente, apontou para o manicômio.

– Mãe, está vendo aquela construção branca e grande naquela colina? Tente controlar sua dor ou ela vai enlouquecê-la e talvez tenhamos de mandá-la para lá.

A sra. Lincoln foi dominada pela dor de tal maneira que não foi ao velório. Willie foi enterrado, e a Casa Branca se cobriu de luto. Trajes pretos contrastavam estranhamente com a alegria e as cores vivas de alguns dias atrás. Vestidos de festa foram deixados de lado, e todos os que entravam pela porta da mansão presidencial falavam baixo quando pensavam no doce garoto que descansava...

"Sob a relva e o orvalho."

Antes disso, eu havia perdido meu filho. Ao deixar Wilberforce, ele foi para o campo de batalha com as tropas de três meses e foi morto no Missouri – foi enterrado no próprio local, onde o valente general Lyon sucumbiu. Foi um triste golpe para mim, e a delicada e maternal carta que a sra. Lincoln me escreveu quando soube de minha perda é repleta de palavras de consolo.

Nathaniel Parker Willis, o genial poeta, que hoje dorme em sua sepultura, escreveu este lindo texto sobre Willie Lincoln, após a triste morte do garoto de olhos luminosos:

> *O garoto era conhecido entre os amigos do pai, e eu tive a sorte de ser um deles. Ele nunca deixava de me procurar na multidão, me cumprimentar e fazer uma observação agradável; e isso, em um garoto de 10 anos, era, para dizer o mínimo, encantador para um estranho. Mas ele tinha mais que mera afetuosidade. Sua confiança – aplomb, como dizem os franceses – era extraordinária. Um dia eu estava passando pela Casa Branca, e ele estava lá fora com um amigo na calçada. O sr. Seward entrou, com o príncipe Napoleão e dois homens de sua comitiva na carruagem; e, em um gesto heroico simulado – claramente havia certa intimidade entre o garoto e o secretário –, o oficial tirou o chapéu, e o príncipe Napoleão fez o mesmo, todos fazendo uma saudação cerimoniosa ao jovem príncipe presidente. Nem um pouco surpreso com a homenagem, Willie ficou totalmente ereto, tirou o pequeno boné com uma confiança elegante e se curvou em uma reverência formal, como um pequeno embaixador. Eles passaram, e ele seguiu com a brincadeira despreocupado: a prontidão improvisada e o discernimento lhe eram claramente naturais. Sua expressão aberta e jovial de serenidade era, no entanto, ingênua e destemida na busca por um toque de diversão; e era nessa mistura de qualidades que ele lembrava tanto o pai.*
>
> *Com todo o esplendor que rodeava o garoto na casa nova, ele era tão corajosa e lindamente ele mesmo... e só isso. Uma flor selvagem transplantada dos campos para a estufa, ele manteve os hábitos campestres, com pureza e simplicidade inalteráveis, até a morte. Sua principal característica parecia ser uma franqueza gentil e destemida, desejando que tudo fosse diferente, mas imperturbável em sua própria sinceridade. Percebi que não resistia a analisá-lo, como um dos doces problemas da infância com que o mundo é abençoado em*

raros lugares; e a notícia de sua morte (na época, eu estava fora de Washington, em uma visita a meus filhos) chegou a mim como o soar solene e inesperado de um sino no meio de uma festa.

No dia do velório, cheguei antes da hora, para dar uma boa olhada de despedida naquele doce garoto; pois ele fora embalsamado para ser enviado ao Oeste – para descansar sob a relva de seu próprio vale –, e a tampa do caixão seria fechada antes do sepultamento. A família havia acabado de se despedir, e os criados e cuidadores o visitavam pela última vez – com lágrimas e soluços completamente desenfreados, pois ele era amado como um ídolo por cada um deles. Ele estava deitado com os olhos fechados – o cabelo castanho repartido como de costume –, pálido no sono da morte; vestido para a noite, segurando em uma das mãos, cruzadas sobre o peito, um buquê de flores delicadas – uma mensagem vinda de sua mãe, enquanto o observávamos, que as flores fossem guardadas para ela. Ela estava acamada, extenuada pela dor e pela vigília.

O velório foi extremamente emocionante. Das alegrias do Salão Leste, o garoto havia sido – para aqueles que agora excepcionalmente se reuniam – uma pessoa cheia de vida. Com seu rosto iluminado, seus cumprimentos e respostas oportunas, ele era lembrado em cada parte daquele salão de cortinas carmesim, construído para momentos de prazer – a cada noite, de todas as multidões, o menos indicado a ostentar a primeira morte. Era o preferido do pai. Os dois eram próximos – frequentemente eram vistos de mãos dadas. E lá estava o homem, agora curvado sob o peso do coração e do cérebro, cambaleando diante do golpe como a perda de um filho! Seus colaboradores sentados ao seu redor – McClellan, com os olhos úmidos ao se curvar em oração, Chase e Seward, com seus traços austeros, além de senadores, embaixadores e militares, todos lutando contra as lágrimas, sofrendo com o presidente, um homem arrasado e um irmão. Que Deus lhe dê forças para suportar todos os fardos é agora o pedido de uma nação.

Esse texto era muito admirado pela sra. Lincoln. Eu o copio do álbum de recortes onde ela o colou, com muitas lágrimas, com suas próprias mãos.

Washington em 1862-1863

No verão de 1862, libertos começaram a chegar aos bandos a Washington, vindos de Maryland e da Virgínia. Eles vinham com grande esperança no coração e com todos os seus bens materiais às costas. Recém-saídos das amarras da escravidão e das terríveis regiões de *plantation*, chegavam à capital em busca de liberdade, muito embora não a conhecessem. Alguns amigos lhes estendiam mãos bondosas, mas o Norte não é caloroso e impulsivo. Para cada palavra de gentileza dita a um ex-escravo, duas palavras duras eram proferidas; havia algo de rejeição no ar, e os sonhos vívidos e felizes de liberdade se desvaneceram, transformando-se tristemente diante daquela mãe severa e prática: a realidade. Em vez de caminhos floridos, dias ensolarados e abundantes frutos dourados, a estrada era acidentada e cheia de espinhos, a luz do sol, eclipsada pelas sombras, os apelos mudos por ajuda, muitas vezes recebidos com fria negligência. Pobres filhos negros da escravidão, homens e mulheres de minha própria raça – a transição da escravidão para a liberdade foi repentina demais para vocês! Os sonhos luminosos foram rudemente dispersos; vocês não estavam preparados para a nova vida que se abria diante de vocês, e as massas do Norte aprenderam a encarar sua impotência com indiferença e a agir como se vocês fossem uma raça dependente e preguiçosa. A razão devia ter incitado ideias mais gentis. A caridade sempre é gentil.

Em uma bela noite de verão, eu caminhava pelas ruas de Washington, acompanhada de uma amiga, quando uma banda soou a distância. Curiosas, perguntamos-nos o que poderia ser. Apressamos o passo e descobrimos que o som vinha da casa da sra. Farnham. O jardim estava completamente iluminado, damas e cavalheiros se movimentavam, e a banda tocava suas canções mais doces. Aproximamo-nos do guarda que estava no portão e perguntamos o que estava acontecendo. Ele nos disse que era uma festa em prol dos soldados doentes e feridos da cidade. Isso me deu uma ideia. Se os brancos podem fazer festas para angariar fundos para soldados em situação difícil, por que as pessoas de cor prósperas não poderiam fazer algo em prol dos negros na mesma situação? Não consegui descansar. O pensamento não me deixou um único instante, e no domingo seguinte sugeri em minha igreja que fosse formada uma sociedade de pessoas de cor para trabalhar em prol dos libertos em dificuldades. A ideia se mostrou popular, e em duas semanas foi organizada a "Associação de Ajuda aos Ex-escravos", com quarenta membros.

Em setembro de 1862, a sra. Lincoln foi para Nova Iorque. Pediu que eu a acompanhasse durante alguns dias e me juntasse a ela no Hotel Metropolitan. Fiquei feliz pela oportunidade, pois acreditava que lá seria capaz de fazer algo por nossa sociedade. Armada de minhas credenciais, peguei o trem e fui me encontrar com ela no hotel. Na manhã seguinte, contei-lhe sobre meu projeto, ao qual a sra. Lincoln imediatamente encabeçou minha lista com uma doação de duzentos dólares. Eu circulava entre as pessoas de cor, deixando-as bastante interessadas no assunto, quando fui chamada a ir a Boston com a sra. Lincoln, que queria visitar o filho Robert, que estudava na cidade. Conheci o sr. Wendell Phillips e outros filantropos de Boston, que me deram toda ajuda possível. Fizemos uma grande reunião na Igreja Batista de Pessoas de Cor, presidida pelo rev. sr. Grimes, angariamos uma quantia em dinheiro e organizamos uma filial da sociedade, coordenada pela sra. Grimes, esposa do pastor, com a ajuda da sra. Martin, esposa do rev. Stella Martin. Durante a guerra, essa filial conseguiu nos enviar mais de oitenta caixas de mantimentos, contribuição exclusiva das pessoas de cor de Boston. Voltando a Nova Iorque, reunimo-nos na Igreja Shiloh, do rev. Henry Highland Garnet. O Hotel Metropolitan, tanto à época quanto agora, empregava pessoas de cor. Sugeri o objetivo de minha missão a Robert Thompson, que trabalhava no restaurante e angariou uma quantia considerável entre os garçons. O sr. Frederick Douglass contribuiu com duzentos dólares, além de nos brindar com uma palestra. Outros homens de cor notáveis enviaram contribuições generosas. Da Inglaterra[2], recebemos uma grande quantidade de suprimentos. O sr. e a sra. Lincoln faziam frequentes contribuições. Em 1863 fui reeleita presidente da associação, cargo que sigo ocupando.

Durante dois anos após a morte de Willie, a Casa Branca não foi cenário de nenhum evento. A memória do garoto foi devidamente respeitada. A sra. Lincoln havia mudado em algumas coisas. Às vezes, em seu quarto, sem ninguém mais além de mim, a mera menção ao nome de Willie a emocionava, e qualquer coisa aparentemente sem valor que a fazia lembrar o filho era motivo para começar uma crise de choro. Ela não suportava olhar sequer para uma fotografia, e, após sua morte, nunca mais entrou no quarto de hóspedes onde Willie faleceu, ou no Salão Verde, onde foi embalsamado. Havia algo de sobrenatural em seu pavor em relação a essas coisas, algo que ela não conseguia explicar. A personalidade de Tad era oposta à de Willie, que sempre fora considerado o filho preferido. Seus olhos negros reluziam de malícia.

A guerra progredia, belos campos haviam sido manchados de sangue, centenas de homens corajosos haviam sucumbido, e milhares de olhos choravam os mortos em seu próprio território. Lares desolados despontavam no Sul e no Norte. Pessoas da minha raça assistiam à sanguinária luta

---

[2] Por meio do sr. Frederick Douglass, a Sociedade Antiescravagista de Sheffield, Inglaterra, contribuiu à Associação de Ajuda aos Ex-escravos com 24 dólares; a Sociedade das Senhoras de Aberdeen, com 40; a Sociedade Antiescravagista de Edimburgo, Escócia, com 48; os Amigos de Bristol, Inglaterra, com 176; a Sociedade Amiga dos Negros, de Birmingham, com 50. A Sociedade de Birmingham também doou, por meio do sr. Charles R. Douglass, a quantia de 33 dólares. (N.T.)

das idas e vindas da batalha, o rosto erguido em direção ao Monte Sião, como se esperassem um vislumbre da Terra Prometida, além das nuvens de fumaça que ocasionalmente se deslocavam, só para revelar pavorosas fileiras de novas covas. A vida da nação parecia estremecer com o choque feroz das armas. Em 1863, os Confederados foram impulsionados por uma aparente vitória, parecendo que a imponente bandeira da União, com suas gloriosas estrelas e listras, cederia metade de sua nacionalidade à bandeira de sete estrelas que tremulava, grandiosa, sobre longas fileiras cinza. Foram dias de tristeza e ansiedade para o sr. Lincoln, que só aqueles que o conheciam na intimidade eram capazes de dizer como ele sofreu. Certo dia, ele entrou no quarto onde eu fazia a prova de um vestido na sra. Lincoln. Seu passo era pesado; seu rosto, triste. Como uma criança cansada, ele se jogou no sofá e cobriu os olhos com as mãos, em uma perfeita imagem de desalento. Observando sua expressão preocupada, a sra. Lincoln perguntou:

– Onde você estava, pai?

– No Departamento de Guerra – foi a resposta breve, quase irritada.

– Alguma novidade?

– Sim, muitas, mas nenhuma boa. Só escuridão, escuridão por toda parte.

Ele estendeu um dos braços e pegou uma pequena Bíblia de uma estante próxima ao sofá. Abriu as páginas do livro sagrado e logo estava absorto pela leitura. Um quarto de hora se passou, e o rosto do presidente parecia mais alegre. A expressão de desalento havia sumido, o semblante iluminou-se por um novo sentimento de determinação e esperança. A mudança era tão clara que não pude deixar de ficar admirada e quis saber qual livro da Bíblia lhe oferecera tanto consolo. Fingindo procurar alguma coisa, circulei o sofá e, ao olhar para o livro aberto, vi que o sr. Lincoln lia o Livro de Jó, o consolador divino. Tamanho era o entusiasmo com que absorvia as palavras que a coragem e a esperança obtidas nas inspiradas páginas fizeram dele um novo homem. Quase imaginei ouvir o Senhor falar com ele, no turbilhão da batalha: "Cinge agora os teus lombos como homem; eu te perguntarei, e tu me explicarás". Que imagem sublime! Um governante de uma nação poderosa recorrendo às páginas da Bíblia com uma humilde convicção cristã, buscando consolo e coragem, encontrando ambos nos momentos mais sombrios e difíceis de um país. Reflitam sobre isso, ó zombadores da Santa Palavra de Deus, e baixem a cabeça de vergonha!

Frequentemente o sr. Lincoln recebia cartas alertando-o quanto a um possível assassinato, mas ele nunca deu atenção aos avisos misteriosos, ao contrário de sua esposa, que parecia ver perigo em cada sopro de folha ou de vento.

– Aonde você vai agora, pai? – perguntava a ele, quando o via calçar as botas e vestir o xale.

– Vou até o Departamento de Guerra, mãe, atrás de novidades.

– Mas, pai, você não deveria sair sozinho. Sabe que está cercado de perigo.

– Bobagem. Por que alguém ia querer me ferir? Não se preocupe comigo, mãe, como se eu fosse uma criança. Ninguém vai me incomodar.

E, com um ar confiante, ele fechava a porta atrás de si, descia as escadas e seguia para sua caminhada solitária.

Durante semanas, quando anteviam problemas, amigos do presidente dormiam na Casa Branca para protegê-lo de qualquer situação de risco.

Robert voltava para casa a cada poucos meses, trazendo uma nova alegria ao círculo familiar. Ele estava muito ansioso para deixar a escola e entrar para o exército, mas sua mãe se opunha ferrenhamente à ideia.

– Nós já perdemos um filho, e eu não suportaria perder mais um – dizia ela, quando a questão vinha à tona.

– Mas muitas mães também ofereceram os seus filhos – o sr. Lincoln sugeria com delicadeza –, e o nosso filho não é mais querido para nós que os outros são para suas mães.

– Pode ser, mas não vou suportar expor Robert ao perigo. Seus serviços não são necessários no campo de batalha, e o sacrifício seria em vão.

– Os serviços de todo homem que ama seu país são necessários nesta guerra. Você devia considerar a questão com generosidade, não com egoísmo, mãe.

Esse argumento acabou prevalecendo, e Robert entrou para o exército. Com a patente de capitão e ajudante de ordens, ele foi para o campo de batalha e ficou no exército até o fim da guerra.

Vou relembrar um pequeno incidente que me fez entender melhor sua personalidade. Ele estava em casa quando o general Tom Thumb estava em Washington. O casamento do Pequeno Polegar – Charles Stratton – com a srta. Warren não incitou pouco entusiasmo no mundo, e o povo de Washington participou da curiosidade geral. Algumas amigas da sra. Lincoln fizeram com que ela acreditasse que era seu dever dar atenção aos singulares anões. Tom Thumb caíra nas graças da realeza do Velho Mundo, então por que a esposa do presidente de seu país natal não deveria lhe sorrir também? De fato, o dever é um dos grandes aborrecimentos da vida. Foi organizada uma recepção às pressas, convites foram enviados. Eu havia vestido a sra. Lincoln, e ela estava pronta para descer e receber seus convidados quando Robert entrou no quarto da mãe.

– Você está livre esta tarde, não está, Robert?

– Sim, mãe.

– Então é claro que vai se arrumar e descer.

– Não, mãe, não pretendo ajudar a entreter Tom Thumb. Minhas noções de dever talvez sejam um pouco diferentes das suas.

Robert tinha um espírito elevado e não podia se rebaixar a todos os absurdos e tolices da efêmera tendência de vida da época.

O amor que a sra. Lincoln tinha pelo marido às vezes a levava a agir de um modo estranho. Ela tinha muito ciúme dele, e, se uma dama quisesse cultivar sua desaprovação, o modo mais certo era dar atenção ao presidente. Esses pequenos ataques de ciúme frequentemente eram fonte de perplexidade para o sr. Lincoln. Sempre que se preparavam para uma festa, ele ia até o quarto dela e, enquanto calçava as luvas, perguntava, com um brilho alegre nos olhos:

– E então, mãe, com quem devo conversar esta noite? Talvez com a sra. D.?

– Aquela cobra! Não, não fique ouvindo a adulação dela.

– Bom, então, o que acha da srta. C.? Ela é muito jovem e bonita para armar ciladas.

– Jovem e bonita, você é quem diz! Não julgue a beleza alheia por mim. Não, ela conspira com a sra. D., e você não deve conversar com ela.

– Bom, mãe, eu preciso conversar com alguém. Tem alguém a quem você não se opõe? – ele perguntava com uma seriedade fingida enquanto abotoava as luvas.

– Não acho que você precisa conversar com ninguém especificamente. Você sabe muito bem, sr. Lincoln, que não aprovo seus flertes com mulheres fúteis, como se fosse um garotinho recém-saído da escola.

– Mas, mãe, eu preciso conversar com alguém. Não posso ficar parado como um pateta, sem dizer nada. Se não quer me falar com quem devo conversar, por favor, me fale com quem *não* devo conversar.

– Com a sra. D. e a srta. C. especificamente. Detesto as duas. A sra. B. também vai se aproximar de você, mas você não precisa ouvir a bajulação dela. Basicamente, são essas.

– Muito bem, mãe. Agora que resolvemos o que você quer, vamos descer.

E, sempre com uma imponente dignidade, ele lhe oferecia o braço e a conduzia.

Opiniões sinceras

Frequentemente o sr. e a sra. Lincoln conversavam sobre as relações dos funcionários do gabinete e de cavalheiros de destaque na política em minha presença. Logo descobri que a esposa do presidente não gostava do sr. Salmon P. Chase, à época secretário do Tesouro. Ela era grande conhecedora do caráter humano, desconfiava daqueles que a rodeavam e muitas vezes seu julgamento se mostrava correto. Sua intuição sobre a sinceridade das pessoas era mais precisa que a do marido. Ela olhava adiante e via as consequências das ações. Sua hostilidade em relação ao sr. Chase era implacável. Ela afirmava que ele era um político egoísta, e não um verdadeiro patriota, e alertou o sr. Lincoln para não confiar demais nele. A filha do secretário era uma das mulheres mais belas de Washington, e a sra. Lincoln, que tinha inveja da popularidade dos outros, não queria elevar sua posição social por meio de favores políticos a seu pai. A srta. Chase, agora esposa do senador Sprague, era uma mulher solitária e merecedora de toda admiração que recebia. O sr. Lincoln era mais crédulo que a esposa. Ele nunca suspeitava da fidelidade daqueles que se diziam seus amigos. Sendo ele mesmo totalmente sincero e franco como uma criança, nunca sonhava em questionar a sinceridade dos outros.

– Pai, eu gostaria que você pensasse um pouco a respeito da motivação do sr. Chase – a esposa lhe disse, certo dia.

O presidente estava deitado no sofá, relaxado, com um jornal nas mãos.

– Mãe, você é muito desconfiada. Reconheço sua sagacidade, mas você tende a exagerar frivolidades. Chase é um patriota e um dos meus melhores amigos.

– Sim, um dos seus melhores amigos porque é do interesse dele. Ele só pensa em si mesmo. Se achasse que poderia ganhar alguma coisa com isso, trairia você em um piscar de olhos.

– Acho que está sendo injusta com ele.

– Sr. Lincoln, ou você é cego ou não quer enxergar. Não sou a única que já o advertiu sobre ele.

– Verdade, recebo cartas diariamente de toda parte do país, me dizendo para não confiar em Chase; mas são cartas escritas pelos inimigos políticos do secretário, e seria injusto e tolo dar atenção a elas.

– Muito bem, um dia você vai descobrir, se viver o bastante para isso, que eu o julguei corretamente. Só espero que seus olhos não se abram para a verdade quando for tarde demais.

Pelo que eu podia perceber de suas conversas com a esposa, o presidente seguiu confiando no sr. Chase até o dia de sua trágica morte.

A sra. Lincoln era especialmente severa com o sr. Wm. H. Seward, secretário de Estado. Quase nunca deixava passar uma oportunidade de dizer algo duro sobre ele.

Certa manhã, fui até a Casa Branca mais cedo que de costume. O sr. Lincoln estava sentado em uma poltrona, lendo o jornal, acariciando com uma das mãos a cabeça do pequeno Tad. Eu alinhavava um vestido para a sra. Lincoln. Um criado entrou e entregou ao presidente uma carta que acabara de ser trazida por um mensageiro. Ele rompeu o selo e, quando terminou de lê-la, a esposa perguntou:

– De quem é a carta, pai?

– Seward; preciso ir vê-lo hoje.

– Seward?! Queria que você não tivesse nada a tratar com esse homem. Ele não é confiável.

– Você diz o mesmo sobre Chase. Se eu lhe desse ouvidos, logo não teria mais gabinete.

– Melhor ficar sem gabinete do que confiar em alguns dos homens em quem você confia. Seward é pior que Chase. Ele não tem princípios.

– Mãe, você está enganada; suas cismas são tão violentas que você não é capaz de parar para pensar. Seward é um homem competente, e eu e o país podemos confiar nele.

– Pai, você é honesto demais para este mundo! Deveria ter nascido um santo. É normal desconfiar de um político ambicioso e frustrado. Fico louca de ver que você não faz nada e deixa aquele hipócrita do Seward o enrolar como se você fosse um novelo de lã.

– É inútil discutir essa questão, mãe. Não vou mudar de opinião.

A sra. Lincoln se orgulhava de sua habilidade de julgar as pessoas. Ela era perspicaz e impaciente para a índole franca e crédula do presidente.

Quando Andrew Johnson foi nomeado governador do Tennessee, a sra. Lincoln se opôs veementemente à nomeação.

– Ele é um demagogo – disse, quase feroz –, e, se colocá-lo no poder, sr. Lincoln, vai se lamentar profundamente no futuro. Guarde estas palavras.

Quando nomeado comandante em chefe, o general McClellan era o ídolo dos soldados. Nunca houve um general tão popular quanto ele.

– Ele é uma fraude – destacou a sra. Lincoln certo dia, em minha presença.

– O que a faz pensar isso, mãe? – perguntou o presidente, bem-humorado.

– Porque ele fala demais e faz muito pouco. Se eu tivesse o poder, logo, logo cortaria a cabeça dele e colocaria um homem de fibra em seu lugar.

– Mas eu considero McClellan um patriota e um militar competente. As tropas são inexperientes, e os oficiais subordinados são propensos à rebeldia. Há muitos políticos de suspensórios no exército. McClellan é jovem e popular, e por isso é muito invejado. Vão matá-lo se puderem.

– McClellan é capaz de arranjar pretextos suficientes para si, portanto não precisa que você o defenda. Se ele fizesse alguma coisa e não prometesse tanto, talvez eu aprendesse a confiar um pouco nele. Estou dizendo que ele é uma fraude e você vai precisar encontrar um homem para assumir o lugar dele se quiser conquistar o Sul.

A sra. Lincoln não tolerava o general Grant.

– É um açougueiro – dizia com frequência – e não é adequado para comandar um exército.

– Mas ele tem sido muito bem-sucedido no campo de batalha – o presidente argumentava.

– Sim, geralmente ele consegue vencer, mas também... perde dois homens para cada inimigo morto. Não tem manejo e não preza pela vida. Se a guerra durar muito tempo, e ele continuar no poder, vai despovoar o Norte. Eu também poderia liderar um exército assim. De acordo com a tática dele, não há nada mais a fazer além de mandar fileiras e mais fileiras de soldados combater, até que o inimigo se canse do massacre. Grant, repito, é um tolo obstinado e um açougueiro.

– Bom, mãe, vamos supor que lhe demos o comando do exército. Sem dúvida você se sairá muito melhor que qualquer general que já tentamos.

Havia um brilho em seus olhos e um toque de ironia em sua voz.

Ouvi muitas vezes a sra. Lincoln dizer que, se Grant um dia fosse eleito presidente dos Estados Unidos, ela ia querer deixar o país e se ausentar durante todo o seu mandato.

Era de conhecimento geral que os irmãos da sra. Lincoln estavam no exército dos Confederados, e por isso as acusações de que sua solidariedade estava com o Sul eram frequentes. Os que faziam essas acusações precipitadas nunca estiveram mais enganados.

Certa manhã, a caminho da Casa Branca, ouvi que o capitão Alexander Todd, um de seus irmãos, havia sido morto. Eu não queria informar a sra. Lincoln sobre a morte, pois acreditava que seria uma notícia dolorosa para ela. Eu estava em seu quarto havia apenas alguns minutos quando ela disse, com aparente preocupação:

– Lizzie, acabei de ficar sabendo que um dos meus irmãos foi morto na guerra.

– Também ouvi, sra. Lincoln, mas hesitei em comentar, por medo de que o assunto fosse doloroso para a senhora.

– Você não precisa hesitar. É claro, é natural que eu lamente por alguém tão próximo de mim, mas não tanto quanto você imagina. Ele fez sua escolha há muito tempo. Ele optou a ir contra o meu marido, e, dessa forma, contra mim também. Estava lutando contra nós, e, uma vez que ele escolheu ser nosso inimigo, não vejo nenhum motivo especial para eu lamentar sua morte.

Eu me senti aliviada e, em conversas posteriores, descobri que a sra. Lincoln não era solidária com o Sul.

– Por que eu devo ser solidária com os rebeldes? – ela dizia. – Por acaso, eles não estão contra mim? Eles enforcariam meu marido amanhã mesmo, se pudessem, e talvez me enforcassem também. Então, como posso me solidarizar com um povo que está em guerra contra nós?

Ela sempre se opôs a ser considerada sulista de coração.

O sr. Lincoln era generoso por natureza, e, embora estivesse totalmente engajado na guerra, não conseguia deixar de respeitar o valor dos que se lhe opunham. Seu espírito era elevado demais para as visões egoístas e limitadas do partidarismo. Genuinamente corajoso, ele honrava a coragem dos outros, mesmo que fossem seus inimigos. Várias vezes ouvi-o falar nos mais honrosos termos a respeito das qualidades militares de alguns destemidos generais confederados, como Lee, Stonewall Jackson e Joseph E. Johns[t]on. Jackson era seu ideal de soldado.

– Ele é um soldado presbiteriano honesto e corajoso – eram suas palavras. – Uma pena que tenhamos de lutar contra um camarada tão nobre! Se tivéssemos um homem como ele para liderar os exércitos do Norte, o país não ficaria consternado com tantos desastres.

Como este é um capítulo de divagações, registrarei aqui um incidente que mostra como ele se sentia em relação a Robert E. Lee. Na manhã do dia em que ele foi assassinado, seu filho, o capitão Robert Lincoln, entrou no quarto com um retrato do general Lee nas mãos. O presidente pegou a foto, colocou-a sobre a mesa à sua frente, analisou o rosto com atenção e disse:

– É um belo rosto; o rosto de um homem corajoso, muito nobre. Estou feliz porque a guerra finalmente terminou. – Olhando para Robert, ele continuou: – Bom, meu filho, você voltou do *front* em segurança. A guerra agora acabou e logo viveremos em paz com os bravos homens que têm lutado contra nós. Acredito que a era dos bons sentimentos retornou e que daqui em diante viveremos em paz. Agora, escute seu pai, Robert: você precisa largar o uniforme e voltar para a faculdade. Quero que você estude as leis durante três anos e que no fim desse período possamos ter o orgulho de chamá-lo de advogado.

Fazia um bom tempo que eu não via o rosto do presidente tão alegre. Seu ânimo era indulgente e generoso.

Nos bastidores

Alguns recém-libertos possuíam ideias exageradas de liberdade. Para eles, era uma bela visão, uma terra de sol, descanso e promessas gloriosas. Grandes contingentes deles vieram para Washington, e, como suas esperanças extravagantes não se realizaram, era natural que muitos sentissem a amarga decepção. As pessoas de cor se apegam às associações que fazem e, quando você as destrói, destrói metade da felicidade de suas vidas. Elas constituem um lar e se afeiçoam tanto a ele que o preferem, por mais miserável que seja, ao conforto e ao luxo de uma vida errante. Ao virem para o Norte, os escravos emancipados deixaram velhas associações para trás, contudo o amor pelo passado era tão forte que eles não se maravilhavam com a nova vida que se descortinava diante deles. Milhares de pessoas decepcionadas, agrupadas em acampamentos, afligiam-se e se lamentavam como crianças pelos "bons e velhos tempos". Ao visitá-los em nome da Associação de Ajuda da qual eu era presidente, eles se amontoavam ao meu redor com lamentáveis histórias de sofrimento. Várias vezes ouvi-os declarar que preferiam voltar à escravidão do Sul e estar com seus antigos senhores a desfrutar da liberdade do Norte. Acredito que eram sinceros nessas declarações, porque a dependência havia se tornado parte deles, e a independência trazia consigo as preocupações e os aborrecimentos próprios da pobreza.

Certo dia, fiquei muito envolvida com as graves queixas de uma boa e velha senhora, recém-saída de uma vida de servidão. Ela nunca havia se aventurado para além de uma *plantation* até vir para o Norte. A mudança era radical demais para ela, que não conseguia compreendê-la exatamente. Como muitos outros, ela achava que o sr. e a sra. Lincoln eram o governo e que o presidente e sua esposa não tinham nada mais a fazer além de prover os desejos extravagantes de cada um que os solicitasse. No entanto, os desejos dessa velha senhora não eram muito extravagantes.

– Por que, sinhora Keckley – me disse ela um dia –, que eu tô aqui faiz oito meses, e a sinhora Lincoln não me deu uma combinação. Deus du céu, criança, si eu subesse que o governo, e o sinhô e a sinhá governo, ia fazê isso cum nóis, nunca que eu tinha vindo pra cá. Minha antiga sinhá mi dava duas combinação todo ano.

Não consegui segurar o riso diante da gravidade com que essa boa e velha senhora fazia seu protesto. Sua ideia de liberdade era duas ou mais combinações velhas por ano. Os leitores talvez não reconheçam a graça. Nas *plantations* do Sul, a sinhá, segundo o costume estabelecido, todo ano dava roupas de baixo de presente aos escravos, artigos que eram sempre ansiosamente aguardados e recebidos com gratidão. A velha senhora tinha o costume de receber anualmente duas combinações de sua sinhá e achava que a esposa do presidente dos Estados Unidos era muito malvada por negligenciar esse costume estabelecido nas *plantations*.

Enquanto alguns negros emancipados se lamentavam pelas velhas associações da escravidão e se recusavam a se ajudar, outros trabalhavam com louvável energia e faziam planos com surpreendente premeditação. Eles construíram choupanas e cada família cultivava para si um pequeno canteiro de terra. As pessoas de cor gostam da vida doméstica, e, para elas, a domesticação significa crianças felizes, um porco gordo, uma dúzia de galinhas e um jardim. Quem quer que visite o Freedmen's Village, próximo a Washington, hoje vai descobrir muitas evidências de prosperidade e felicidade. As escolas são objeto de muito interesse. Bons professores, brancos e de cor, trabalham lá, e brigadas inteiras de crianças negras de olhos brilhantes são ensinadas nos segmentos básicos da educação. São crianças estudiosas, e os professores atestam seu rápido desenvolvimento. Entre minhas amigas, conto doze garotas de cor que trabalham como professoras nas escolas de Washington. A Escola Sabatina da Missão de Pessoas de Cor, fundada pela influência do general Brown na Igreja Presbiteriana da Fifteenth Street, é sempre objeto de grande interesse dos residentes da capital, assim como de centenas de estrangeiros que visitam a cidade.

Em 1864, as festas voltaram a acontecer na Casa Branca. Durante os dois primeiros anos da administração do sr. Lincoln, o presidente selecionou uma dama para dançar com ele, o que deixava a sra. Lincoln livre para escolher um acompanhante entre os distintos cavalheiros que a cercavam nessas ocasiões. Esse costume acabou extinto pela sra. Lincoln.

– Lizabeth! – Eu costurava em seu quarto quando a sra. Lincoln me chamou, sentada em uma poltrona confortável. – Lizabeth, eu ando pensando em uma coisinha. Como você bem sabe, em todas as festas, o presidente escolhe uma dama para liderar a *promenade* com ele. Agora me ocorre que esse costume é absurdo. Nessas ocasiões, nossos convidados reconhecem a posição do presidente; bem, veja, se eles reconhecem a posição dele, também deveriam reconhecer a minha. Eu sou a esposa dele e deveria liderar a *promenade* com ele. E, no entanto, ele oferece o braço para outra dama do salão, colocando-a em primeiro lugar, e a mim, em segundo. O costume é absurdo e pretendo aboli-lo. A dignidade que devo a minha posição, como esposa do presidente, exige que eu não hesite mais em agir.

A sra. Lincoln manteve sua palavra. Dali em diante, ou ela liderava a *promenade* com o presidente, ou o presidente caminhava sozinho ou com um cavalheiro. A mudança foi muito comentada, mas acredito que o motivo pelo qual ela foi feita nunca foi de conhecimento público.

Em 1864 havia muita dúvida quanto à reeleição do sr. Lincoln, e a Casa Branca foi cercada de todo tipo de políticos. Frequentemente a sra. Lincoln era julgada por ser rodeada por certa classe de homens.

– Tenho um plano em mente, Lizabeth – ela me disse, referindo-se a esse assunto. – Em um embate político, é comum usar todas as armas a nosso favor. Esses homens têm influência, e precisamos de influência para reeleger o sr. Lincoln. Usarei de astúcia para com eles até depois da eleição, então, se permanecermos na Casa Branca, derrubarei cada um deles e farei com que saibam que só os usei. Eles são um bando sem princípios e não me importo em fazer jogo duplo com eles.

– O sr. Lincoln sabe desse plano? – perguntei.

– Deus, não. Ele jamais aprovaria tal comportamento, então não lhe direi nada até tudo isso acabar. Ele é honesto demais para cuidar dos próprios interesses, e sinto que é meu dever fazer campanha por ele.

Como todos sabem, o sr. Lincoln estava longe de ser bonito. Ele não era admirado por sua aparência, mas pela nobreza de sua alma e grandeza de seu coração. Sua esposa era diferente. Ele era completamente altruísta em todos os aspectos, e acredito que amava a mãe de seus filhos. Não pedia dela nada além de afeto, mas nem sempre o recebia. Quando entregue a seus humores geniosos e impulsivos, ela era capaz de dizer e fazer coisas que o feriam profundamente. Se ele não a amasse, ela não teria o poder de perturbar seu rosto atencioso ou iluminá-lo como um raio de sol quando queria. Somos indiferentes àqueles que não amamos, e certamente o presidente não era indiferente à esposa. Com frequência, ela o magoava em momentos inesperados, mas a reflexão sempre trazia o arrependimento.

A sra. Lincoln era extremamente ansiosa a respeito da reeleição do marido como presidente dos Estados Unidos. No esforço de que sua aparência correspondesse à sua elevada posição, ela incorreu em muitos gastos. Como o salário do sr. Lincoln não era suficiente, ela foi obrigada a se endividar, esperando que a sorte viesse a favorecê-la, permitindo-lhe escapar de uma situação vexatória. Ela comprava a prazo itens caríssimos, e, no verão de 1864, contas avultosas a desafiavam.

– O que você pensa sobre a eleição, Lizabeth? – ela me perguntou certa manhã.

– Penso que o sr. Lincoln permanecerá na Casa Branca por mais quatro anos – respondi, tirando os olhos do trabalho.

– Por que você acha isso? Por algum motivo aprendi a temer que ele não vença.

– Porque ele foi testado e se provou fiel aos interesses do país. As pessoas do Norte reconhecem nele um homem honesto e estão dispostas a confiar nele, pelo menos até a guerra terminar. Os sulistas fizeram de sua eleição um pretexto para a revolta, e substituí-lo agora por outra pessoa, depois de anos de uma guerra sanguinária, pareceria uma rendição do Norte. Então, o sr. Lincoln certamente será reeleito. Ele representa um princípio, e, para manter esse princípio, o povo dos Estados fiéis votaria nele, mesmo que ele não tivesse méritos que o recomendassem.

– Seu ponto de vista faz sentido, Lizabeth, e sua confiança renova minhas esperanças. Se ele for derrotado, não sei o que será de nós. Para mim, para ele, há mais em jogo nessa eleição do que ele imagina.

– O que quer dizer, sra. Lincoln? Não compreendo.

– Simplesmente o seguinte: eu contraí muitas dívidas, das quais ele nem cogita que será incapaz de pagar, se perder a eleição.

– Que dívidas são essas, sra. Lincoln?

– Principalmente dívidas em lojas. Devo ao todo cerca de vinte e sete mil dólares; a maior parte à Stewart's, em Nova Iorque. Você compreende, Lizabeth, que o sr. Lincoln não faz ideia de quanto custa o guarda-roupa de uma mulher. Ele olha para meus vestidos finos e fica contente, acreditando que as poucas centenas de dólares que recebo dele são suficientes para todos os meus desejos. Eu preciso me vestir com materiais caros. As pessoas escrutinam cada peça que eu uso com uma curiosidade crítica. O próprio fato de ter sido criada no Oeste me submete a uma observação mais atenta. Para manter as aparências, preciso de dinheiro... mais do que o sr. Lincoln pode me dar. Ele é honesto demais para ganhar um centavo além do seu salário. Consequentemente, eu não tive, e continuo não tendo, outra saída a não ser contrair dívidas.

– E o sr. Lincoln nem suspeita o quanto a senhora deve?

– Deus, não! – Essa era sua expressão favorita. – E eu não permitiria que ele suspeitasse. Se ele soubesse que sua esposa está endividada a esse ponto, isso o deixaria maluco. Ele é tão sincero e franco que fica chocado com o fingimento alheio. Ele não sabe de nada sobre minhas dívidas, e eu valorizo demais a felicidade dele, para não dizer a minha, para permitir que ele saiba. Isso é o que me perturba tanto. Se ele for reeleito, posso mantê-lo na ignorância quanto às minhas questões, mas, se ele for derrotado, então as contas serão enviadas, e ele vai saber de tudo – algo como um soluço histérico lhe escapou dos lábios.

Por vezes, a sra. Lincoln temia que os políticos soubessem detalhes de suas dívidas e os usassem na campanha presidencial contra seu marido; quando pensava nisso, quase enlouquecia de tanto medo e ansiedade.

Durante esses ataques, exclamava, feroz:

– Os republicanos deveriam pagar pelas minhas dívidas. Centenas deles estão ficando extremamente ricos à custa do meu marido, e nada mais justo do que ajudarem a me livrar dessa situação. Vou exigir que façam isso, e, quando eu citar os fatos, eles não poderão se recusar a adiantar o dinheiro.

A segunda posse

Certo dia, a sra. Lincoln veio até meu apartamento perto do fim do verão de 1864 para falar sobre um vestido. E aqui devo destacar: nunca aprovei que as senhoras ligadas à família do presidente viessem até minha casa. Sempre achei que seria mais consistente com a dignidade delas mandar me chamar e deixar que eu fosse até elas, em vez de virem até mim. Posso ter ideias peculiares a respeito de algumas coisas, e essa é uma delas. Não posso me esquecer das associações da minha vida pregressa. Bem, a sra. Lincoln veio até minha casa e, como de costume, tinha muito a dizer sobre a eleição presidencial.

Conversamos um pouco e em seguida ela me perguntou:

– Lizzie, onde você acha que vou estar no próximo verão?

– Ora, na Casa Branca, é claro.

– Eu não consigo acreditar nisso. Não tenho esperança na reeleição do sr. Lincoln. A campanha está acirrada, as pessoas começam a se queixar da guerra, e todas as cobranças recaem sobre meu marido.

– Não importa – respondi. – O sr. Lincoln vai ser reeleito. Tenho tanta certeza disso que estou tentada a pedir um favor para a senhora.

– Um favor?! Bom, se nós continuarmos na Casa Branca, vou poder fazer muitos favores para você. Qual é o favor especial?

– Simplesmente o seguinte, sra. Lincoln: eu gostaria que a senhora me desse de presente a luva da mão direita que o presidente usar na primeira recepção pública após a segunda posse.

– Fique à vontade. Vai estar tão suja quando ele tirar que vou querer pegá-la com uma pinça e jogá-la ao fogo. Não consigo imaginar, Lizabeth, o que você pode querer com ela.

– Vou guardá-la como uma recordação da segunda posse do homem que fez tanto por minha raça. Ele tem sido um Deus para o meu povo: tirou-o da escravidão e guiou seus passos em direção à luz. Vou guardar a luva e entregá-la à posteridade.

– Você tem umas ideias estranhas, Lizabeth. Não importa, você terá a luva. Isso se o sr. Lincoln ainda for presidente depois de 4 de março.

Cobrei a promessa da sra. Lincoln. A luva agora está comigo, carregando as marcas dos milhares de mãos que cumprimentaram o sr. Lincoln naquela noite agitada. Oh! Jamais sonhei que se tornaria uma recordação tão triste e admirada.

No tempo devido, a eleição chegou, e todas as minhas previsões se provaram corretas. Os Estados fiéis decidiram que o sr. Lincoln deveria continuar no controle da nação. O outono se foi, o inverno se arrastou lentamente, e o país ainda ecoava o estrondo das armas. O Sul estava sofrendo, mas o sofrimento era visto como determinação heroica, e o exército seguiu como uma frente corajosa e desafiadora. Com o primeiro sopro da primavera, milhares de pessoas se reuniram em Washington para testemunhar a segunda posse de Abraham Lincoln como presidente dos Estados Unidos. Foi um dia agitado na capital nacional, que jamais vai desaparecer da memória daqueles que assistiram às grandiosas cerimônias. A manhã estava escura e nublada; nuvens pendiam do céu como uma mortalha, como se previssem algum desastre. Mas, quando o presidente deu um passo à frente para fazer o juramento, as nuvens se abriram e um raio de sol surgiu do céu para se derramar sobre seu rosto e iluminá-lo. Também dizem que uma estrela cintilante foi vista ao meio-dia. Foi o meio-dia de vida do sr. Lincoln, e a estrela, à luz dos eventos que se seguiram, uma emblemática convocação vinda lá do alto. Era um sábado, e na segunda-feira à noite fui à Casa Branca para vestir a sra. Lincoln para a primeira grande recepção do mandato. Enquanto eu arrumava seu cabelo, o presidente entrou. Era a primeira vez que eu o via desde a posse e fui até ele, estendendo a mão com palavras de felicitações.

Ele pegou minha mão e, com carinho, segurou-a enquanto falava:

– Obrigado. Bom, madame Elizabeth – ele sempre me chamava de madame Elizabeth –, não sei se deveria me sentir grato ou não. O cargo traz consigo muitas provações. Não sabemos o que estamos destinados a encarar. Mas Deus estará com todos nós. Deposito minha fé em Deus.

Então largou minha mão e, com uma expressão solene, atravessou o quarto e tomou seu assento no sofá. Antes disso, eu havia parabenizado a sra. Lincoln, e ela respondera com um suspiro:

– Obrigada, Elizabeth, mas, agora que conquistamos o cargo, quase desejo que tivesse sido o contrário. O pobre sr. Lincoln parece tão abatido, tão completamente esgotado, que temo que ele não sobreviva aos próximos quatro anos.

Seria um pressentimento que a fazia ter uma visão triste do futuro? As notícias do *front* eram melhores do que nunca. Em todos os cantos, os Confederados perdiam domínio, e as guarnições azuis avançavam, triunfantes. Ao olhar pela janela, quase todos os dias eu via a artilharia passar a caminho do espaço aberto, para disparar uma saudação em homenagem a uma nova vitória. De todos os lados chegavam notícias gloriosas do sucesso dos soldados que lutavam pela União. E, no entanto, em seus aposentos íntimos, longe dos olhos curiosos do mundo, o presidente e a mulher exibiam expressões triste e ansiosas.

Terminei de vestir a sra. Lincoln, e ela pegou o braço do presidente e desceu. Foi uma das maiores festas já realizadas em Washington. Milhares de pessoas lotaram os corredores e salões da Casa Branca, ansiosos por apertar a mão do sr. Lincoln e receber um sorriso gracioso de sua esposa. A aglomeração era terrível, e o entusiasmo, grandioso. O presidente recebera muitos cumprimentos, e, no dia seguinte, ao visitar a sra. Lincoln, recebi a luva manchada que o sr. Lincoln usara na mão direita, na noite anterior.

Muitas pessoas de cor estiveram em Washington. Muitas delas desejavam participar da recepção, mas as ordens eram de que não as deixassem entrar. A caminho da Casa Branca, um cavalheiro, membro do Congresso, reconheceu o sr. Frederick Douglass, o orador de cor eloquente, nos limites da multidão.

– Como vai, sr. Douglass? Que aglomeração terrível esta noite! O senhor vai entrar, não é?

– Não... quer dizer, não para sua última pergunta.

– Não vai entrar para apertar a mão do presidente?! Por quê?

– Pelo melhor motivo do mundo. Foram dadas ordens estritas para não admitir pessoas de cor.

– É uma pena, sr. Douglass, que o senhor seja banido dessa forma. Não se preocupe. Espere aqui, vou ver o que posso fazer.

O cavalheiro entrou na Casa Branca e, abrindo caminho até o presidente, pediu permissão para lhe apresentar o sr. Douglass.

– Certamente – disse o sr. Lincoln. – Traga o sr. Douglass, por favor. Ficarei feliz em conhecê-lo.

O cavalheiro voltou, e logo o sr. Douglass ficou frente a frente com o presidente. O sr. Lincoln apertou sua mão calorosamente, dizendo:

– Sr. Douglass, é um prazer conhecê-lo. Há muito admiro sua conduta. Saiba que valorizo muito suas opiniões.

O sr. Douglass ficou muito orgulhoso com a maneira como o sr. Lincoln o recebeu. Ao sair da Casa Branca, foi até a casa de um amigo onde estava acontecendo uma reunião e relatou o acontecimento com grande prazer a mim e aos demais.

Na segunda-feira seguinte à recepção na Casa Branca, todos estavam ocupados se preparando para o grande baile que aconteceria naquela noite. Passei a maior parte do dia no quarto da sra. Lincoln. Enquanto a vestia, o presidente entrou, e lhe contei como o sr. Douglass havia ficado contente por ter sido apresentado a ele. A sra. L. virou-se subitamente para o marido e lhe perguntou:

– Pai, por que o sr. Douglass não foi apresentado a mim?

– Não sei. Achei que tivesse sido.

– Mas não foi.

— Deve ter sido uma distração, mãe. Sinto muito que não tenha sido apresentada a ele.

Terminei de vesti-la para o baile e a acompanhei até a porta. Ela estava magnífica e entrou no salão segurando o braço do senador Sumner, um cavalheiro que ela admirava muito. O sr. Lincoln entrou no salão acompanhado de dois cavalheiros. O baile encerrou a estação. Foi a última vez que o presidente e a esposa apareceram em público.

Alguns dias depois, a sra. Lincoln e um grupo de amigas foram visitar City Point.

Ela voltou a Washington antes do dia 2 de abril. Na segunda, 3 de abril, a esposa do secretário Harlan veio até mim com o material para um vestido. Enquanto conversava com ela, vi a artilharia passar por minha janela, e, como estava a caminho de disparar uma saudação, concluí que o Departamento de Guerra havia recebido boas notícias. A recepção de meu ateliê ficava em uma calçada, e minha sala de trabalho, em outra. Ao perguntar o motivo da manifestação, disseram-nos que Richmond caíra. A sra. Harlan pegou minhas mãos e comemoramos juntas. Corri até a sala de trabalho e, ao entrar, vi que as garotas que eu empregava também tinham ouvido as boas-novas. Elas estavam especialmente entusiasmadas, pois foi relatado que a capital rebelde havia se rendido. Eu havia prometido a minhas funcionárias uma folga quando Richmond sucumbisse, e, naquele momento, elas me lembraram de minha promessa.

Voltei à recepção. Contagiada pela boa notícia, a sra. Harlan sugeriu que eu desse folga às garotas. Seu vestido podia esperar. Então me juntei a minhas funcionárias na alegria da folga havia muito prometida. Passeamos alegremente pelas ruas da cidade, com o coração transbordando de felicidade. Os atendentes de várias lojas de departamento também tiveram folga. Ao anoitecer, encontrei S. e muitos outros homens sérios e responsáveis na rua, embriagados.

A sra. Lincoln havia me convidado para acompanhá-la a City Point. Fui até a Casa Branca e disse a ela que, caso ela pretendesse voltar, seria um privilégio ir com ela, uma vez que City Point era perto de Petersburg, meu antigo lar. A sra. L. me comunicou que pretendia voltar e que seria um prazer me levar com ela, então ficou combinado que eu a acompanharia.

Alguns dias depois, estávamos no barco a vapor, a caminho de City Point. A sra. Lincoln ia acompanhada da esposa do secretário Harlan e de sua filha, do senador Sumner e de vários outros cavalheiros.

Antes disso, o sr. Lincoln já havia partido para City Point, e, antes que chegássemos ao nosso destino, ele já havia visitado Richmond, Petersburg e outras localidades. Chegamos na sexta-feira, e a sra. Lincoln ficou muito decepcionada ao saber que o presidente havia visitado a antiga capital dos Confederados, pois queria muito estar ao seu lado quando ele entrasse na fortaleza conquistada. Imediatamente foi combinado que todo o grupo a bordo do *River Queen* visitaria Richmond e outros pontos com o presidente. Na manhã seguinte, concluídos os detalhes, subimos o Rio James, que durante tanto tempo fora instransponível, mesmo para nossas canhoneiras. O ar estava ameno, as margens do rio eram lindas e exalavam o perfume das primeiras flores primaveris. Fiquei horas no convés, respirando o ar puro e observando a paisagem que cercava o rio, que corria, majestoso. Ali se estendiam belos campos, símbolos da paz, e acolá, campos desertos e fortes austeros, que exibiam as severas vicissitudes da guerra. Ah! Quantas mudanças haviam acontecido desde a última vez que meus olhos percorreram os consagrados campos da querida e velha Virgínia! Nosso local de origem sempre nos é caro, independentemente das circunstâncias sob as quais nascemos, pois reanima as lembranças dos tempos de ouro da infância e o beijo caloroso de uma mãe, livres de sistemas filosóficos. Perguntei-me se veria algum rosto familiar, o que teria acontecido com aqueles que eu conhecia, se teriam sucumbido na batalha, dispersados pela implacável maré da guerra, ou se ainda estariam vivendo como da última vez que os vi. Agora que Richmond havia caído e a Virgínia havia voltado ao grupo de estrelas da União, questionei-me se as pessoas se reuniriam em laços de paz. Enquanto eu observava o cenário em volta e refletia sobre essas questões, o *River Queen* nos levou ligeiro a nosso destino.

O grupo presidencial era todo curiosidade ao entrar em Richmond, caminhando pelas ruas da cidade e examinando cada objeto. O capitólio tinha uma aparência desolada – mesas quebradas e papéis espalhados por toda parte na fuga apressada do Congresso Confederado. Peguei alguns papéis e, por uma curiosa coincidência, a resolução proibindo todas as pessoas de cor libertas de entrar no estado da Virgínia. No Senado, sentei-me na cadeira de Jefferson Davis e na do vice-presidente, Alexander H. Stephens. Visitamos a mansão ocupada pelo sr. Davis e por sua família durante a guerra, e as senhoras responsáveis por ela franziam o cenho para nosso grupo enquanto passávamos pelos diferentes cômodos. Após o agradável passeio, voltamos a City Point.

Naquela noite, na cabine do *River Queen*, rostos sorridentes se reuniram ao redor da mesa de jantar. O jovem oficial ligado à Comissão Sanitária, sentado próximo à sra. Lincoln, observou:

– A senhora devia ter visto o presidente outro dia, em sua entrada triunfal em Richmond. Ele foi o centro de todas as atenções. As senhoras lhe mandavam beijos e o cumprimentavam, acenando lenços. Ele é um herói quando está rodeado de belas moças.

O jovem oficial de repente parou, parecendo envergonhado. A sra. Lincoln virou-se para ele com um olhar fulminante, indicando que sua intimidade lhe era ofensiva. O que se seguiu foi uma cena, e acho que o capitão que causou o desprazer da sra. Lincoln jamais vai esquecer aquela memorável noite.

Na manhã de sábado, o grupo decidiu visitar Petersburg. Eu estava muito ansiosa para acompanhá-los.

Quando chegamos à cidade, multidões se reuniram ao redor do trem, e um negrinho maltrapilho se aproximou com timidez do vagão ocupado pelo sr. Lincoln e amigos próximos e, ao responder a várias perguntas, usou a palavra *tote*.

– *Tote* – observou o sr. Lincoln. – O que você quer dizer com isso?

– Ora, sinhô, *tote* nas costas.

– Certo, meu filho; imagino que quando você *tote* uma coisa, você a carrega. Aliás, Sumner – disse, virando-se para o senador –, qual é a origem da palavra *tote*?

– Dizem que tem origem africana. A palavra latina *totum*, de *totus*, significa completo, um corpo inteiro, o todo.

– Mas meu jovem amigo aqui não estava se referindo a um corpo inteiro ou qualquer coisa do tipo quando disse que ia *tote* minhas coisas por mim – o presidente interrompeu.

– Verdade, senhor – continuou o senador. – Ele usou a palavra no sentido africano, de carregar, levar. *Tote* nesse sentido é definida em nossos dicionários como um termo coloquial dos estados do Sul, usado principalmente por negros.

– Então você considera uma boa palavra?

– Não é elegante, certamente. Pessoalmente, prefiro uma palavra melhor, mas, como foi estabelecida pelo uso, não posso me recusar a reconhecê-la.

Assim a conversa seguiu, agradável.

Ao sair do vagão, o presidente e sua comitiva foram visitar os fortes e outros locais, enquanto me afastei, sozinha, em busca de antigos conhecidos. Aquela guerra sombria, logo descobri, trouxera muitas mudanças à cidade que eu conhecia tão bem na juventude. Encontrei vários amigos daquela época, mas a maior parte das pessoas me era estranha. As cenas sugeriam lembranças dolorosas, e não me arrependia de dar as costas à cidade mais uma vez. Um carvalho grande, de formato esquisito, lembro-me bem, atraiu a atenção do presidente; ele crescia nos arredores de Petersburg, e, como o vira em sua primeira visita, alguns dias antes, o presidente insistiu que o grupo fosse com ele dar uma olhada na espécie isolada e magnífica daquela imponente força da natureza. Todos os membros do grupo fizeram questão de atender ao pedido do presidente, e a visita ao carvalho aconteceu e foi muito apreciada.

No retorno de Petersburg a City Point, o trem avançou devagar, e o presidente, observando uma tartaruga se aquecer sob o sol quente à beira dos trilhos, fez o condutor parar, e um dos guarda-freios trouxe a tartaruga até ele. Os movimentos do animalzinho desajeitado pareciam encantá-lo, e o presidente se divertiu com ele até chegarmos ao Rio James, onde nosso navio estava atracado. Tad ficou por perto e se juntou ao pai em uma gargalhada feliz.

Durante uma semana o *River Queen* permaneceu no Rio James, na maior parte do tempo ancorado em City Point, e foi uma semana agradável e memorável para todos a bordo. Durante todo esse tempo, um iate ficou a cerca de meio quilômetro de distância de onde estávamos, e seus movimentos peculiares atraíram a atenção de todos a bordo. O general e a sra. Grant estiveram em nosso navio várias vezes, e muitos oficiais importantes do exército também foram recebidos pelo presidente e seu grupo.

Quando não estava em algum passeio, o sr. Lincoln relaxava no navio, conversando com intimidade com todos que o abordavam.

Um dia antes de iniciarmos nossa jornada de volta a Washington, ele passou em revista às tropas no campo. Voltou ao navio ao anoitecer, com uma expressão esgotada.

– Mãe – ele disse à esposa –, apertei tantas mãos hoje que meus braços estão doloridos. Minha vontade era ir para a cama agora mesmo.

À medida que as sombras do crepúsculo se intensificavam, as luzes foram acesas, e o navio ficou intensamente iluminado. Descansando no rio e enfeitado por muitas luzes coloridas, parecia um palácio flutuante. Uma banda militar estava a bordo e, enquanto as horas se estendiam noite adentro, uma suave música pairava no ar. Muitos oficiais subiram a bordo para se despedir. A cena foi realmente incrível. Por volta das dez da noite, o sr. Lincoln foi chamado a fazer um discurso. Levantando-se, ele disse:

– Senhoras e senhores, desculpem-me. Estou cansado demais para falar esta noite. Na noite de terça, farei um discurso em Washington, em que poderão ouvir tudo o que tenho para dizer. E agora, em despedida aos bravos soldados de nosso valente exército, peço à banda que toque *Dixie*[3]. Sempre foi uma das minhas favoritas e, como os capturamos, temos todo o direito de desfrutar dela.

Enquanto o presidente se sentava, a banda começou a tocar a doce e inspiradora canção, ao fim da qual se ouviram aplausos e outras manifestações de aclamação.

Às onze da noite, a última despedida foi proferida, as luzes foram apagadas, o *River Queen* avançou sobre as águas, e seguimos de volta a Washington. Chegamos à capital às seis da tarde de domingo, onde o grupo se separou, cada um de volta à própria casa. Foi uma das viagens mais agradáveis da minha vida, da qual sempre me recordo com um genuíno prazer.

---

[3] Canção tradicional da Região Sul dos Estados Unidos, que data da década de 1850, adotada como hino dos Estados Confederados da América durante a Guerra Civil. (N.T.)

O assassinato do presidente Lincoln

Eu nunca tinha ouvido o sr. Lincoln fazer um discurso público e, conhecendo-o tão bem, estava ansiosa para ouvi-lo. Na manhã da terça-feira seguinte ao nosso retorno de City Point, a sra. Lincoln veio até mim e, antes de ela ir embora, pedi permissão para ir à Casa Branca naquela noite para ouvir o sr. Lincoln discursar.

– Claro, Lizabeth. Se você se interessa por discursos políticos, é bem-vinda para vir e ouvir.

– Obrigada, sra. Lincoln. Posso abusar ainda mais de sua gentileza e levar uma amiga comigo?

– Sim, traga sua amiga também. Aliás, venha a tempo de me arrumar antes que o discurso comece.

– Chegarei a tempo. Pode confiar. Bom dia – acrescentei, enquanto ela deixava minha recepção e entrava na carruagem.

Por volta das sete da noite, entrei na Casa Branca. Ao subir, a porta dos aposentos do sr. Lincoln estava entreaberta. Dei uma espiada e, sentado a uma escrivaninha, lá estava o presidente, repassando suas anotações e murmurando para si mesmo. Seu rosto estava pensativo. Ele estava absorto, e, ao parar um instante para observá-lo, soube que ensaiava o papel que desempenharia no grande drama que estava prestes a começar.

Segui para os aposentos da sra. Lincoln, trabalhei rapidamente, e em pouco tempo ela estava pronta.

Multidões começaram a se reunir em frente à Casa Branca. Alguns gritavam alto pelo presidente. A banda parou de tocar, e, quando o sr. Lincoln avançou até a grande janela central, vi uma enorme multidão, feito um mar escuro ondulando delicadamente. A movimentação oscilante das pessoas ali reunidas, sob uma luz fraca e incerta, era como o subir e descer das ondas, como o movimento das marés que se quebram junto à orla. Próximos à casa, os rostos eram nítidos, mas se desvaneciam em meros contornos fantasmagóricos nos limites da plateia. O que contribuía para a beleza estranha e espectral da cena era o murmúrio confuso de vozes que se elevava sobre o mar de formas, soando como o rugido contido e sombrio de uma tempestade marítima ou como o vento soprando por uma floresta escura e solitária. Era uma cena grandiosa e imponente e, quando o presidente, com o rosto pálido e a alma transparecendo nos olhos, avançou para discursar, mais parecia um semideus que um homem coroado com os fugazes dias da mortalidade.

Assim que ele surgiu na janela, foi recebido com uma trovoada de aplausos, as vozes ecoando o pedido:

– Uma luz! Uma luz!

Uma lamparina foi trazida, e o pequeno Tad correu até o pai, dizendo:

– Me deixe segurar a luz, papai! Me deixe segurar a luz!

A sra. Lincoln ordenou que o desejo de seu filho fosse atendido, e a lamparina foi transferida para as mãos dele. Ali em pé, na presença de milhares de cidadãos livres, pai e filho, um perdido em uma corrente de ideias eloquentes, o outro olhando para o rosto que falava com um olhar orgulhoso e viril, formavam um belo e notável quadro.

No recinto havia vários cavalheiros e damas distintos, todos observando a cena.

Fiquei a uma curta distância do sr. Lincoln e, quando a luz da lamparina recaiu sobre ele, fazendo-o se destacar vigorosamente da multidão, um pensamento repentino me surgiu e sussurrei para a amiga ao meu lado:

– Como seria fácil matar o presidente com ele ali em pé! Ele poderia receber um tiro da multidão e ninguém saberia quem disparou.

Não sei por que pensei isso, a menos que tenha sido a repentina lembrança dos muitos avisos que o sr. Lincoln recebera.

No dia seguinte, mencionei à sra. Lincoln a ideia que me impressionara de modo tão estranho na noite anterior, e ela respondeu, com um suspiro:

– Sim, sim, a vida do sr. Lincoln está sempre exposta. Ah, ninguém sabe como é viver em constante pavor diante de uma possível tragédia. O presidente foi avisado tantas vezes que estremeço por ele a cada aparição pública. Tenho um pressentimento de que ele vai ter uma morte repentina e violenta. Rezo a Deus que proteja meu amado marido das mãos do assassino.

O sr. Lincoln gostava de animais de estimação. Ele tinha duas cabras que conheciam o som de sua voz, e, quando ele as chamava, vinham saltitando. Nos dias ensolarados, ele e Tad costumavam brincar com as cabras no jardim durante uma boa hora. Uma tarde de sábado, fui à Casa Branca para vestir a sra. Lincoln. Já tinha quase terminado minha tarefa quando o presidente entrou. Era um dia claro e, caminhando até a janela, ele olhou para o jardim, sorriu e, virando-se para mim, perguntou:

– Madame Elizabeth, você gosta de animais, não gosta?

– Ah, sim, senhor – respondi.

– Bem, venha aqui e veja minhas duas cabras. Acho que são as cabras mais carinhosas do mundo. Veja como farejam o ar puro e saltitam quando brincam ao sol. Uau! Que salto – exclamou quando uma delas saltou alto. – Madame Elizabeth, já viu uma cabra tão esperta quanto essa? – Após refletir um tempo, ele continuou: – Parece estar fazendo truques por uma recompensa. Você acha que podemos chamá-la de "caçadora de recompensa"? Mas isso seria adular os caçadores de recompensa. Minha cabra está muito acima deles. Prefiro usar seus chifres e pelo durante a vida inteira a me rebaixar ao nível do homem que saqueia o tesouro nacional em nome do patriotismo. O homem que se alista no exército por dinheiro e deserta assim que recebe o pagamento para fazer isso de novo já é vil, que dirá os homens que manipulam a máquina pública e que simplesmente fazem dos caçadores de recompensa seus instrumentos em uma fraude escandalosa! Eles são piores e mais repugnantes que os vermes que rastejam nos esgotos.

Seus lábios se curvaram em uma expressão de desprezo, e uma nuvem carregada começou a se formar sobre sua cabeça. A sombra descansou em seu rosto um só instante. Então as duas cabras olharam para cima, em direção à janela, e sacudiram a cabeça como quem diz: "Como vai, velho amigo?".

– Sabia, madame Elizabeth – indagou o presidente em tom entusiasmado –, que meus animais me reconhecem? Como parecem sinceros! Lá vão eles de novo; quanta diversão! – e riu abertamente ao vê-los saltar até o outro lado do jardim.

Nesse instante, a sra. Lincoln chamou:

– Venha, Lizabeth; se eu quiser ficar pronta para descer esta noite, vou ter de terminar de me vestir sozinha ou você vai ter de parar de olhar para essas cabras bobas.

A sra. Lincoln não gostava de animais e não entendia como o sr. Lincoln podia alegrar-se tanto com suas cabras. Após a morte de Willie, ela não suportava ver nada que o filho amava, nem mesmo uma flor. Buquês caros lhe eram ofertados, ao que ela se afastava com um calafrio, colocava-os em um lugar onde não os pudesse ver ou jogava-os pela janela. Doou todos os brinquedos de Willie – tudo o que tinha ligação com ele –, pois dizia que não conseguia olhar para eles sem pensar em seu pobre garoto, e pensar nele em sua mortalha branca e em sua sepultura fria era simplesmente enlouquecedor. Nunca na vida vi uma mulher tão peculiar. Procure pelo mundo inteiro e jamais vai encontrar alguém como ela. Depois da morte do sr. Lincoln, as cabras que ele tanto amava foram dadas – acho que para a sra. Lee, nascida srta. Blair, uma das poucas senhoras com quem a sra. Lincoln tinha uma amizade verdadeira em Washington.

Durante o tempo em que vivi na capital, formei meu lar com o sr. e a sra. Walker Lewis, pessoas da minha raça e amigos no sentido mais fiel da palavra.

Os dias se passaram sem que nenhum acontecimento específico perturbasse o fluxo da vida. Sexta-feira de manhã, 14 de abril – ah, que americano não se lembra desse dia? –, vi a sra. Lincoln por um único instante. Ela me disse que ia ao teatro naquela noite com o presidente, mas não fui chamada para ajudá-la a se arrumar. Sherman avançara da fronteira norte da Geórgia, atravessando o coração da Confederação até chegar ao litoral, desferindo o golpe mortal na rebelião. Grant caçara o general Lee para além de Richmond, e o exército da Virgínia, que apresentara uma teimosa resistência, estava desmoronando. O Forte Sumter havia sucumbido – a primeira fortaleza subtraída da União, a qual enfrentara a fúria das armas federais durante tantos anos, fora recuperada, o fim da guerra estava próximo e o pulso grandioso do Norte fiel vibrava de alegria. As escuras nuvens da guerra estavam se dissipando, e um anjo de vestes brancas parecia pairar no céu, sussurrando: "Paz na terra aos homens de boa vontade!". Filhos, irmãos, pais, amigos, pessoas queridas estavam voltando para casa. Logo as tendas brancas seriam desmontadas, o exército voluntário seria desmembrado, e a tranquilidade reinaria novamente. Que dia mais feliz! – pelo menos para os que lutaram sob o estandarte da União. O Norte era puro contentamento. Do Atlântico ao Pacífico, bandeiras eram lançadas alegremente ao vento, e à noite todas as cidades ardiam com milhares de luzes. No entanto, mal os fogos de artifício pararam de estourar e as luzes se apagaram nas janelas, um raio espalhou a notícia mais estarrecedora pelos fios magnéticos. "O presidente foi assassinado!", disse o veloz mensageiro, e o grito de comemoração morreu em todos os lábios. Subitamente, toda uma nação parou em meio às festividades, paralisada de terror, petrificada de espanto.

Ah, que dia memorável! Ah, que noite memorável! Jamais a alegria foi tão violentamente contrastada com a dor.

Às onze da noite, fui acordada por uma velha amiga e vizinha, a srta. M. Brown, com a alarmante informação de que todo o gabinete havia sido assassinado. O sr. Lincoln fora baleado, mas ainda resistia. Quando ouvi as palavras, senti o sangue congelar em minhas veias, os pulmões colapsar em busca de ar. O sr. Lincoln baleado! O gabinete assassinado!

O que isso queria dizer? As ruas estavam repletas de pessoas curiosas e atônitas. Os rumores corriam rápido, os relatos mais insanos não cessavam de chegar. As palavras eram repetidas por rostos pálidos e lábios trêmulos. Acordei o sr. e a sra. Lewis, disse-lhes que o presidente fora baleado e que eu precisava ir à Casa Branca. Eu não podia ficar sem saber o que estava acontecendo. Precisava tomar uma atitude. Eles tentaram me acalmar, mas palavras gentis não eram capazes de acalmar a feroz tempestade. Então eles se vestiram e saímos, acompanhando a multidão agitada. Caminhamos rapidamente em direção à Casa Branca, e, no caminho, passamos pela residência do secretário Seward, que estava cercada de soldados armados, mantendo todos os intrusos afastados com a ponta das baionetas. Nós nos apressamos e, quando chegamos à Casa Branca, vimos que também estava cercada de soldados. Todas as entradas estavam fortemente guardadas, e ninguém estava autorizado a passar. O guarda no portão nos disse que o sr. Lincoln não fora trazido para casa, mas se recusou a nos dar mais informações. Mais agitados do que nunca, descemos a rua. A dor e a ansiedade me deixavam fraca e, quando nos juntamos à multidão, comecei a me sentir tão mansa e humilde quanto uma criança arrependida. Um homem de cabelos grisalhos estava passando. Dei uma olhada em seu rosto, e ele me pareceu tão bondoso e triste que toquei seu braço com delicadeza e lhe perguntei, em tom de súplica:

– Por favor, o senhor pode me dizer se o sr. Lincoln está morto ou não?

– Ele não está morto, mas vai morrer. Deus nos ajude! – E, com um passo lento, repetiu: – Ele não está morto, mas vai morrer! Sim, que Deus nos ajude!

Ficamos sabendo que o presidente estava mortalmente ferido, que havia sido baleado em seu camarote enquanto assistia a uma peça de teatro e que não havia expectativa de que vivesse até a manhã do dia seguinte. Voltamos para casa com o coração pesado. Não consegui dormir. Queria ir até a sra. Lincoln, uma vez que a imaginava enlouquecida de dor, mas eu não sabia onde a encontrar e precisava esperar até amanhecer. Nunca as horas passaram tão devagar. Cada instante parecia uma eternidade, e eu não conseguia fazer nada além de caminhar abraçada ao próprio corpo, minha mente girando em um turbilhão de pensamentos agonizantes.

A manhã finalmente chegou. Que manhã triste. As bandeiras que tremulavam tão alegremente no dia anterior agora estavam cobertas de preto e pendiam, silenciosas, a meio mastro. O presidente estava morto, e a nação, em luto por ele. Todas as casas exibiam cortinas negras; em todos os rostos, a mesma expressão solene. As pessoas falavam baixo e deslizavam, espantadas, pelas ruas silenciosas.

Por volta das onze da manhã de sábado, uma carruagem veio até minha porta, e um mensageiro perguntou por "Elizabeth Keckley".

– Quem a procura? – perguntei.

– Venho em nome da sra. Lincoln. Se a senhora é a sra. Keckley, venha comigo imediatamente até a Casa Branca.

Apressada, vesti um xale e um chapéu e fui conduzida rapidamente até a Casa Branca. Tudo nela era triste e solene. Encaminharam-me ao quarto da sra. Lincoln e, ao entrar, eu a vi se revirar na cama, inquieta. O quarto estava escuro, e a esposa do secretário Welles fazia companhia à sra. Lincoln. Curvei-me para a sra. Welles e aproximei-me da cama.

– Por que não veio ontem à noite, Elizabeth? Eu mandei chamá-la – a sra. Lincoln perguntou, em um sussurro.

– Eu tentei vir, mas não consegui encontrá-la – respondi, colocando a mão sobre sua testa quente.

Depois fiquei sabendo que, quando ela se recuperou parcialmente do primeiro choque da terrível tragédia no teatro, a sra. Welles perguntou:

– Sra. Lincoln, não tem alguém que a senhora deseja ter ao seu lado nesta hora de tanta aflição?

– Sim, mande chamar Elizabeth Keckley. Quero que seja trazida até aqui o mais rápido possível.

Ao que parece, três mensageiros foram enviados atrás de mim, mas todos erraram meu endereço e não conseguiram me encontrar.

Logo que entrei no quarto, na manhã de sábado, a sra. Welles pediu licença, dizendo que precisava encontrar sua família, deixando-me sozinha com a sra. Lincoln.

Ela estava exausta pela dor e, quando ficou um pouco mais calma, pedi e recebi permissão para ir até o quarto de hóspedes onde estava o corpo do presidente. Quando lá entrei, não pude deixar de me lembrar do dia em que vi o pequeno Willie deitado no caixão, onde o corpo do pai estava agora. Lembrei-me de como o presidente havia chorado sobre o belo rosto empalidecido de seu notável garoto, e agora era ele que ali estava. Na última vez que o vi, ele conversou comigo com tanta gentileza, mas, ah, aqueles lábios nunca mais se moveriam novamente! A luz havia se apagado de seus olhos, e, quando essa luz se apaga, a alma não está mais presente. Que alma nobre ele possuía – nobre em todos os atributos nobres de Deus! Nunca entrei em uma sala mortuária com o coração tão acelerado e os passos tão trêmulos quanto naquele dia. Não era uma pessoa qualquer que havia morrido. O Moisés de meu povo havia sucumbido em seu momento triunfal. A fama tecera sua melhor grinalda para aquela fronte, cravada por Deus com a glória das estrelas eternas.

Quando entrei no quarto, os membros do gabinete e muitos oficiais importantes do exército estavam reunidos em volta do corpo do comandante. Eles abriram espaço para mim, e, aproximando-me do corpo, levantei o tecido branco do rosto empalidecido do homem que eu adorava como um ídolo, que admirava como um semideus. Apesar da violência da morte do presidente, havia algo belo e grandiosamente solene na expressão de seu rosto plácido. Ali espreitavam a doçura e a delicadeza da infância, e a grandeza imponente do intelecto divino. Olhei longamente aquele rosto e virei-me com lágrimas nos olhos e a garganta apertada. Ah! Nunca um homem foi tão pranteado. O mundo inteiro baixou a cabeça em pesar quando Abraham Lincoln morreu.

Quando voltei ao quarto da sra. Lincoln, encontrei-a em mais uma crise de dor. Robert estava curvado sobre a mãe em um gesto que refletia carinho e delicadeza, e, ao pé da cama, com um mundo de agonia no rosto jovem, lá estava o pequeno Tad, de joelhos. Jamais esquecerei a cena – os lamentos de um coração partido, os gritos que não pareciam humanos, as convulsões terríveis, os acessos selvagens e tempestuosos de uma alma em sofrimento. Banhei a cabeça da sra. Lincoln com água fria, tentando acalmá-la. A dor de Tad com a morte do pai era tão grande quanto a da mãe, mas, incapaz de se controlar, seus terríveis acessos intimidavam o garoto ao silêncio, ao que ele abraçava o pescoço dela e exclamava, entre soluços feridos:

– Não chore tanto, mamãe! Não chore ou eu também vou chorar! Vai partir meu coração!

A sra. Lincoln não suportava ouvir Tad chorar, e, quando ele lhe suplicava que não partisse seu coração, ela se acalmava com grande esforço e apertava o filho nos braços.

Cada um dos quartos da Casa Branca estava na penumbra, e todos falavam baixo e se movimentavam com passos abafados. A atmosfera exalava a enorme tristeza que pesava em cada coração. A sra. Lincoln nunca saía do quarto e, enquanto o corpo de seu marido era carregado solenemente do Atlântico às extensas pradarias do Oeste, ela chorava com os filhos em seus aposentos íntimos. Negou a entrada de quase todas as pessoas, e fui sua única companhia, além dos filhos, nos dias de grande tristeza.

Havia muitas suposições a respeito de quem estava implicado com J. Wilkes Booth no assassinato do presidente. Um novo mensageiro havia acompanhado o sr. e a sra. Lincoln ao teatro naquela terrível noite de sexta. Era dever desse mensageiro ficar à porta do camarote durante a apresentação e proteger os ocupantes de qualquer intrusão. Aparentemente, o mensageiro se envolveu com a peça e negligenciou seu dever a ponto de Booth ter conseguido entrar no camarote com facilidade. A sra. Lincoln acreditava piamente que o mensageiro estava envolvido na conspiração do assassinato.

Certa noite, eu estava deitada em um sofá próximo à cama ocupada pela sra. Lincoln, quando um dos criados entrou no quarto, e ela perguntou:

– Quem está de guarda esta noite?

– O novo mensageiro – foi a resposta.

– O quê? O homem que nos acompanhou ao teatro na noite em que meu bom e querido marido foi assassinado?! Acho que ele é um dos assassinos. Diga a ele que venha até mim.

Pela porta entreaberta, o mensageiro ouvira as palavras da sra. Lincoln e, quando entrou, tremia violentamente.

Ela se virou para ele e disse, com ferocidade:

– Então é você que está de guarda esta noite? De guarda na Casa Branca depois de ajudar no assassinato do presidente?

– Me perdoe, mas eu não ajudei no assassinato do presidente. Eu jamais participaria de uma coisa dessas... Menos ainda em se tratando de um homem tão excepcional quanto o presidente.

– Mas aparentemente você participou, *sim,* do assassinato.

– Não, não! Não diga isso – ele interrompeu. – Deus sabe que sou inocente.

– Não acredito em você. Por que você não estava de guarda para manter o assassino longe do camarote?

– Eu errei, admito, e me arrependo amargamente, mas eu não ajudei a matar o presidente. Eu não acreditava que alguém tentaria matar um homem tão bom em um lugar público, por isso acabei me distraindo. Eu me envolvi com a peça e não vi o assassino entrar no camarote.

– Mas você deveria ter visto. Não podia ter se descuidado. Vou acreditar para sempre que você é culpado. Agora, cale-se! Não quero ouvir mais uma palavra – ela exclamou quando o mensageiro ensaiou uma resposta. – Vá e faça sua guarda – acrescentou, com um aceno imperioso.

Com um andar mecânico e o rosto descorado, o mensageiro deixou o quarto. A sra. Lincoln voltou a se deitar no travesseiro, cobriu o rosto com as mãos e começou a soluçar.

Robert foi muito carinhoso com a mãe em seus dias de dor. Ele sofreu profundamente, como seu rosto abatido indicava, mas era sempre forte e sereno na presença da mãe. A sra. Lincoln estava extremamente nervosa e se recusava a ter outra pessoa além de mim com ela. Muitas senhoras vieram, mas ela não recebeu ninguém. Se tivesse se isolado menos em sua dor, talvez tivesse muito mais amigos do que tem atualmente. Mas longe de mim julgar com severidade a dor de qualquer um. Se as senhoras que vieram consolar a sra. Lincoln após a morte de seu marido e que foram impedidas de entrar em seu quarto tivessem visto como ela estava completamente prostrada de dor, teriam aprendido a falar dela com mais delicadeza. Frequentemente, à noite, quando Tad a ouvia soluçar, ele se levantava e vinha até sua cama em seus pijamas brancos:

— Não chore, mamãe; não consigo dormir se você chorar! O papai era bom e ele foi para o céu. Ele está feliz lá. Está com Deus e com o Willie. Não chore, mamãe, ou eu vou chorar também.

O último pedido sempre se provava o mais eficaz, pois a sra. Lincoln não suportava ouvir o filho chorar.

Tad fora favorecido pelo pai, mas o favorecimento não poderia mimar uma natureza tão firme quanto a dele. Ele parecia compreender que era o filho de um presidente – compreender no sentido mais nobre e elevado do termo. Certa manhã, enquanto era vestido, ele olhou para a governanta e disse:

— O papai está morto. Mal posso acreditar que nunca mais vou vê-lo. Preciso aprender a cuidar de mim mesmo agora. – Ele pareceu pensar por um instante, então acrescentou: – Sim, o papai morreu, e agora sou apenas Tad Lincoln, o pequeno Tad, como os outros garotinhos. Não sou filho do presidente agora. Não vou mais ter tantos presentes. Bom, vou tentar ser um bom garoto e espero um dia ficar com o papai e o irmão Willie, lá no céu.

Ele era uma criança viril e corajosa. Sabia que a influência não estava mais nas mãos da família com a morte do pai e que sua posição na vida havia se alterado. Parecia sentir que as pessoas o mimavam e lhe davam presentes porque queriam agradar ao presidente dos Estados Unidos. Daquele período em diante, ele se tornou mais independente e logo aprendeu a dispensar os serviços da governanta. Em Chicago, em uma manhã de domingo, eu o vi se despir e se vestir sozinho. Era uma mudança tão grande para mim – uma vez que na Casa Branca os criados obedeciam a cada aceno e ordem – que mal consegui evitar as lágrimas. Se seu pai tivesse vivido, eu sabia que teria sido diferente com seu garotinho. Tad dividia o quarto com Robert e sempre se orgulhou de contentar o irmão.

Depois que a comitiva partiu para o Oeste com o corpo do presidente, houve certo sopro de entusiasmo durante alguns dias no que dizia respeito a onde os restos mortais seriam enterrados. O secretário Stanton e outros se reuniam com frequência com Robert, o sr. Todd, primo da sra. Lincoln, e o dr. Henry, um velho colega de escola e amigo do sr. Lincoln. As autoridades da cidade de Springfield haviam comprado um belo terreno em uma região próspera da cidade, e a construção do túmulo progredia com rapidez quando a sra. Lincoln fez forte objeção ao local, declarando que manteria o corpo em Chicago para que não fosse enterrado no terreno adquirido para essa finalidade pela cidade de Springfield. Argumentou que era seu desejo descansar ao lado do marido quando morresse e que isso seria impossível em um lugar público como aquele. Como se sabe, o impasse foi finalmente resolvido com os restos mortais do presidente depositados na cripta da família em Oak Ridge, um lugar encantador.

Depois do funeral do presidente, a sra. Lincoln se recuperou e começou a se preparar para deixar a Casa Branca. Um dia, de repente, ela exclamou:

– Meu Deus, Lizabeth, que mudança! Será que alguma mulher já sofreu tanto e passou por uma mudança tão grande quanto essa? Eu tinha a ambição de ser a esposa do presidente; essa ambição foi satisfeita, e agora devo descer do pedestal. Meu pobre marido! Se nunca tivesse sido presidente, talvez estivesse vivo até hoje! Ah, tudo acabou para mim!

Cruzando os braços por alguns instantes, ela se balançou para a frente e para trás, então recomeçou, com mais veemência do que nunca:

– Meu Deus, Lizabeth, eu não posso voltar para Springfield! Não, nunca, até eu vestir minha mortalha e descansar ao lado do meu querido marido. E que os céus tragam logo esse dia! Eu devia querer viver pelos meus filhos, mas a vida é tão cheia de tristezas que prefiro morrer.

E teve um ataque histérico.

A sra. Lincoln deixa a Casa Branca

Durante cinco semanas, a sra. Lincoln ficou confinada em seu quarto. Fazer as malas permitiu um alívio considerável, uma vez que nos ocupou tanto que não tínhamos muito tempo para lamentações.

Cartas de condolências chegaram de todas as partes do país e mesmo de chefes de Estado do exterior, mas o sr. Andrew Johnson, sucessor do sr. Lincoln, nunca ligou para a viúva nem escreveu uma única linha expressando compaixão pela sua dor e pela perda de seu marido. Certo dia, Robert o visitou para dizer que sua mãe lhe entregaria a Casa Branca em alguns dias, e ele nem ao menos perguntou como ela estava. A sra. Lincoln acredita firmemente que o sr. Johnson estava envolvido na conspiração do assassinato.

Ao fazer as malas, ela deu tudo o que estava intimamente ligado ao presidente, pois dizia que não suportava se lembrar do passado. Os artigos foram entregues àqueles que eram considerados os admiradores mais entusiasmados do sr. Lincoln. Todos os presentes passaram pelas minhas mãos. O vestido que a sra. Lincoln usou na noite do assassinato foi dado à sra. Slade, esposa de um antigo mensageiro fiel. A capa, manchada com o sangue do presidente, foi dada a mim, assim como o chapéu usado na mesma noite memorável. Mais tarde, recebi o pente e a escova que o sr. Lincoln usou enquanto viveu na Casa Branca. O mesmo pente e a mesma escova com que tantas vezes penteei seu cabelo. Quando estava quase pronto para descer para um evento, ele se virava para mim com uma expressão zombeteira e pedia:

– Bom, madame Elizabeth, a senhora pode pentear minha juba esta noite?

– Sim, sr. Lincoln.

Então ele se sentava em uma poltrona e ficava imóvel enquanto eu arrumava seu cabelo. Como é de se imaginar, fiquei muito feliz ao receber o pente e a escova das mãos da sra. Lincoln. A capa, o chapéu, o pente e a escova, a luva usada na primeira recepção após a segunda posse e as botas do sr. Lincoln, doei-os em prol da Universidade de Wilberforce, uma faculdade de pessoas de cor perto de Xenia, Ohio, destruída por um incêndio na noite em que o presidente foi assassinado.

Quando a sra. Lincoln deixou a Casa Branca, houve muitas suposições quanto ao que poderiam conter suas cinquenta ou sessenta caixas, sem contar as malas. Se o governo não tivesse sido tão generoso ao providenciar as caixas, é possível que não houvesse tamanha demanda por transporte. As caixas não estavam cheias, e muitas delas continham artigos que não valia a pena levar. A sra. Lincoln era apaixonada por acumular velharias e acreditava que era "útil tê-las em casa".

Os chapéus que ela trouxera de Springfield, além de cada um dos que comprou durante a estada em Washington, foram embalados nas caixas e levados para Chicago. Ela comentou que poderiam ser úteis algum dia e que era prudente pensar no futuro. Sinto dizer que a previdência da sra. Lincoln em relação ao futuro só envolvia roupas usadas, uma vez que, à época da morte do presidente, ela tinha dívidas em diferentes lojas que somavam um montante de setenta mil dólares. O sr. Lincoln desconhecia essas dívidas, e a única coisa boa de seu assassinato foi que ele morreu sem saber da existência delas. Se soubesse a que ponto sua esposa estava endividada, os únicos momentos agradáveis de sua vida teriam se transformado em amargura. Revelo esse segredo sobre as dívidas da sra. Lincoln para explicar por que mais tarde ela sofreu importunações financeiras. Assim como ela, os filhos haviam recebido muitos presentes durante a administração do sr. Lincoln, e esses presentes eram parte considerável do conteúdo das caixas. Pelo que sei, o único móvel que foi retirado da Casa Branca pela sra. Lincoln foi um pequeno cabideiro com espelho que o presidente usava. Lembro-me de ouvi-lo dizer, certo dia:

– Mãe, esse cabideiro é tão útil e me serve tão bem que não sei como vou me virar sem ele quando nos mudarmos daqui.

Ele estava em pé diante do espelho, penteando o cabelo, quando fez essa observação.

– Bom, pai – a sra. Lincoln respondeu –, se você gosta tanto dele, vamos levá-lo quando formos embora.

– De jeito nenhum – ele exclamou, mas ela o interrompeu.

– Eu gostaria de saber que diferença faz se colocarmos um melhor no lugar dele.

– Isso muda tudo. Se você colocar um cabideiro no lugar que vale o dobro do que este, e o comissário aceitar, então não terei objeção.

A sra. Lincoln se lembrou dessas palavras e, com o consentimento do comissário, levou o cabideiro para o pequeno Tad. Devo acrescentar que foi colocado outro cabideiro em seu lugar.

Há acusações de que vários móveis da Casa Branca foram perdidos durante o período em que o sr. Lincoln a ocupou. É verdade, e isso pode ser explicado da seguinte maneira: para simplificar bastante o caso, em alguns aspectos, a sra. Lincoln economizava no que não devia. Quando se mudou para a Casa Branca, ela dispensou o mordomo, cuja responsabilidade era cuidar das coisas da casa. Portanto, não havia ninguém para supervisionar os afazeres, e os criados levaram muitas peças do mobiliário. Dessa forma, ele sumiu rapidamente.

Robert costumava estar presente quando as caixas eram embaladas e tentou sem sucesso incentivar a mãe a queimar suas inúmeras velharias.

– O que vai fazer com esse vestido velho, mãe? – ele perguntava.

– Não se preocupe, Robert, vou achar um uso para ele. Você não entende dessas coisas.

– E espero nunca entender. Oro aos céus que a carruagem que a levará para Chicago pegue fogo e queime toda essa velharia – então, com um gesto impaciente, ele se virava e deixava o cômodo.

– Robert é tão impetuoso – sua mãe me dizia, depois de fechar a porta. – Ele nunca pensa no futuro. Bom, espero que com o tempo ele supere essas ideias infantis.

Muitos dos artigos que a sra. Lincoln levou da Casa Branca foram doados para instituições de caridade quando ela chegou a Chicago.

Com tudo embalado, o dia da partida para o Oeste finalmente havia chegado. Nunca me esquecerei daquele dia, tão diferente do dia em que o corpo do presidente foi levado, em uma cerimônia solene e grandiosa, quando milhares de pessoas se reuniram para reverenciá-lo enquanto a carruagem funerária passava, acompanhada de toda pompa militar, bandeiras a meio mastro, batalhões exibindo armas e bandas tocando canções fúnebres. Agora, a esposa do presidente deixava a Casa Branca e mal havia um amigo para se despedir dela. Ela desceu a escadaria pública, entrou na carruagem e permaneceu em silêncio até a estação onde pegamos o trem. O silêncio era quase doloroso.

Fora combinado que eu iria a Chicago. Quando a sra. Lincoln sugeriu seu plano pela primeira vez, eu me opus firmemente, mas eu estava com ela havia tanto tempo que ela tinha influência sobre mim.

– Não posso ir para o Oeste com a senhora, sra. Lincoln – falei, quando a ideia foi proposta pela primeira vez.

– Mas você precisa ir para Chicago comigo, Lizabeth; não posso ficar sem você.

– A senhora está esquecendo meus negócios, sra. Lincoln. Não posso largar tudo. Agora preciso fazer o enxoval de primavera da sra. Douglas e prometi terminá-lo em menos de uma semana.

– Não tem importância. A sra. Douglas pode conseguir outra pessoa para fazer o enxoval dela. Pode ser interessante para você ir comigo. Estou muito pobre agora, mas, se o Congresso disponibilizar uma verba para mim, você vai ser bem recompensada.

– Não é pela recompensa, mas... – comecei a dizer como resposta, mas ela me interrompeu.

– Não diga mais nada sobre isso, se não quiser me deixar nervosa. Eu decidi que você vai para Chicago comigo, e você *precisa* ir.

Quando a sra. Douglas descobriu que a sra. Lincoln queria que eu a acompanhasse, ela me enviou uma mensagem:

– Não se preocupe comigo. Faça o que puder pela sra. Lincoln. Meu coração está com ela.

Vendo que nenhuma desculpa seria aceita, comecei a me preparar para ir para Chicago com a sra. L.

A primeira classe foi reservada especialmente para nós, e assim seguimos para o Oeste. O dr. Henry nos acompanhou e foi muito atencioso e gentil. Na primeira noite, a sra. Lincoln teve uma dor de cabeça muito forte; enquanto eu banhava suas têmporas, ela disse:

– Lizabeth, você é minha melhor amiga e a mais gentil. Amo você como minha melhor amiga. Eu gostaria de poder garantir seu conforto pelo resto dos seus dias. Se o Congresso cuidar de mim, pode ter certeza que eu vou cuidar de você.

A viagem transcorreu sem nenhum incidente. Chegamos a Chicago na hora certa e nos dirigimos ao Tremont House, onde ficamos hospedadas por uma semana. Ao término desse período, a sra. Lincoln decidiu que morar no hotel era uma despesa muito grande, então ficou combinado que iríamos para o interior. Foram escolhidos quartos no Hyde Park, um *resort* de verão.

Robert e Tad foram com a mãe para lá. Chegamos por volta das três da tarde de sábado. O lugar havia sido inaugurado no verão anterior e era repleto de novidades. Os aposentos não eram de primeira classe, os quartos eram pequenos, com móveis simples. Foi um dia agitado para todos nós. Robert desempacotou seus livros e os arrumou nas prateleiras de seu quarto modesto, porém arrumado. Eu o ajudei enquanto ele conversava comigo, animado. Quando terminamos, ele cruzou os braços e afastou-se um pouco da cornija, como se pensasse na grande mudança de sua sorte, comparando presente e passado. Virando-se para mim, perguntou:

– Bom, sra. Keckley, o que a senhora acha dos nossos novos aposentos?

– É um lugar adorável e acho que o senhor vai ter uma agradável experiência.

Ele olhou para mim com um sorriso curioso, então observou:

– A senhora chama de lugar adorável! Bom, talvez seja. Como não vai ter de ficar aqui, pode falar com tranquilidade dessa encantadora situação. Imagino que tenho de aceitar, pois a vontade de minha mãe tem prioridade sobre a minha. Mas, honestamente, quase prefiro morrer a ser obrigado a ficar três meses neste lugar deprimente.

Suas palavras pareciam sinceras e, indo até a janela, olhou para a vista com uma expressão taciturna. Fui até o quarto da sra. Lincoln e a encontrei deitada na cama, soluçando como se seu coração fosse se partir.

– Que lugar deprimente, Lizzie! E pensar que vou ser obrigada a viver aqui, porque não tenho condições de viver em outro lugar. Oh, que mudança triste para todos nós!

Havia dois meses que eu a ouvia soluçar, então nunca me surpreendia ao encontrá-la aos prantos. Tad era o único alegre do grupo. Ele era uma criança naturalmente feliz e nada parecia minar a paixão de seu espírito.

O domingo foi um dia bastante tranquilo. Olhei pela minha janela de manhã, para o belo lago que formava uma das vistas mais agradáveis da casa. O vento era forte o bastante para ondular o amplo seio d'água, e cada onda capturava um brilho de raio de sol e o lançava, reluzente, em direção ao céu. Aqui e ali, um veleiro deslizava silenciosamente para o meu campo de visão ou afundava sob a linha azul-clara do horizonte, como as sombras espectrais que às vezes assombram os campos brancos de neve sob a luz fria e tranquila de uma lua de inverno. Em pé à janela naquela manhã, olhando para o lago, meus pensamentos se tornaram etéreos – os raios de sol refletidos sugeriam visões de coroas cravejadas com as joias da vida eterna, e me perguntei como alguém poderia achar Hyde Park um lugar deprimente. Eu já havia visto tantas dificuldades na vida que estava disposta a cruzar os braços e simplesmente satisfazer o grande desejo da alma – descansar.

Robert passou o dia no quarto com os livros enquanto fiquei no quarto da sra. Lincoln, conversando com ela, comparando presente e passado e traçando planos para o futuro. Ela não se comunicava, nem por carta nem por qualquer outro meio, com parentes ou antigos amigos, dizendo que queria levar uma vida afastada naquele verão. Rostos antigos, dizia, só trariam de volta memórias de cenas que ela desejava esquecer; e rostos novos, ela tinha certeza, não se compadeceriam de sua angústia nem tornariam sua situação mais confortável.

Na segunda de manhã, Robert se arrumava para ir a Chicago, atendendo a um chamado de negócios.

– Aonde você vai, irmão Bob? – Tad chamava Robert de "irmão Bob".

– Só até a cidade! – foi a breve resposta.

– Não posso ir com você?

– Peça à mamãe. Acho que ela não vai deixar.

Nesse momento, a sra. Lincoln entrou e Tad correu até ela, perguntando, impaciente:

– Ah, mamãe! Posso ir até a cidade com o irmão Bob? Quero tanto ir...

– Ir até a cidade? Não; você precisa ficar e me fazer companhia. Além do mais, decidi que você vai ter aula todos os dias e vamos começar hoje.

– Não quero ter aula... não vou ter aula – interrompeu o garoto impetuoso. – Eu não quero estudar; quero ir até a cidade!

– Imagino que você queira crescer e se tornar um grande ignorante. Quieto, Tad; você não vai à cidade enquanto não fizer a lição – a mãe parecia decidida.

– Posso ir depois de estudar? – foi a próxima pergunta.

– Sim, se Robert esperar por você.

– Ah, Bob vai esperar. Não vai, Bob?

– Não, não posso esperar, mas o senhorio vai esta tarde e você pode ir com ele. Precisa fazer o que a mamãe está dizendo, Tad. Você está crescendo e precisa começar a ir à escola no próximo outono. E não vai querer ir à escola sem saber ler, não é?

– Onde está meu livro, mamãe? Pegue meu livro, rápido. Vou fazer minha lição – e pulou pela sala, agitado.

— Fiquei quieto, Tad. Aqui está seu livro, e agora vamos começar a primeira lição – disse a mãe, enquanto se sentava em uma poltrona.

Tad sempre foi mimado pelos pais, principalmente pelo sr. Lincoln. Ele sofria de uma leve dificuldade na fala e nunca fora obrigado a ir à escola. Como consequência, seus conhecimentos eram muito limitados. Eu sabia que sua educação havia sido negligenciada, mas não fazia ideia de que era tão deficiente quanto aquela primeira lição em Hyde Park provou.

Arrastando uma cadeira baixa até o lado da mãe, ele abriu o livro e começou a soletrar a primeira palavra, devagar:

— L-O-B-O.

— Bom, o que L-O-B-O forma?

— Cachorro – foi a resposta imediata.

A palavra era ilustrada com uma pequena xilogravura de um lobo, que aos olhos de Tad parecia muito um cachorro, e sua fala foi guiada pela imagem, não pelos sons das letras.

— Bobagem! – exclamou a mãe. – L-O-B-O não forma cachorro.

— Forma, sim! Isso não é um cachorro? – Tad apontou, triunfante, para a imagem.

— Não, não é um cachorro.

— Se não é um cachorro, o que é, então?

— Um lobo.

— Um lobo! Não é um lobo! Eu não sei reconhecer um cachorro quando vejo um?

— Não, se você acha que isto aqui é um cachorro.

— Eu reconheço um cachorro, sim. Já vi vários na rua. Reconheço um cachorro melhor do que você, porque eu sempre saio para a rua e sempre vejo vários, e você não.

— Mas, Tad, escute. Um cachorro é uma espécie de lobo. Parece um lobo, mas não é um lobo.

— Então não devia parecer um cachorro. Veja, Yib – ele sempre me chamava de Yib –, isto não é um cachorro? E L-O-B-O não forma cachorro? A mamãe não sabe de nada – colocou o livro na minha cara de um jeito sério e entusiasmado.

Não consegui me conter e caí na risada. Tad pareceu muito ofendido e me apressei em dizer:

– Me desculpe, senhor Tad. Espero que possa perdoar minha falta de modos.

Ele acenou a cabeça com um tom de condescendência e voltou à pergunta anterior:

– Isto não é um cachorro? L-O-B-O não forma cachorro?

– Não, Tad. Sua mãe está certa. L-O-B-O forma lobo.

– Você sabe tanto quanto a mamãe. Vocês duas não sabem de nada – os olhos de Tad demonstravam indignação.

Nesse momento Robert entrou no quarto e a pergunta foi direcionada a ele. Depois de muitas explicações, ele conseguiu convencer Tad de que L-O-B-O não formava cachorro, e o restante da lição transcorreu sem tanta dificuldade.

Sempre que penso nesse incidente sou tentada a rir; então penso que, se Tad fosse um garotinho negro, e não o filho do presidente e tão difícil de instruir, ele seria chamado de "burro" e seria usado como exemplo da inferioridade da raça. Conheço muitos garotos negros capazes de ler e escrever perfeitamente, da mesma idade que Tad Lincoln quando insistiu que L-O-B-O formava a palavra cachorro. Com isso, não quero refletir sobre o intelecto do pequeno Tad. Não; ele é um garoto esperto, que vai honrar a geniosidade e a grandiosidade do pai. Só quero dizer que alguns incidentes são tão prejudiciais para um lado quanto para o outro. Se um garoto de cor parece lento, um garoto branco às vezes também parece; se uma raça inteira é julgada por um único exemplo de aparente lentidão, outra raça deveria ser julgada por um exemplo similar.

Voltei para Washington, com a sra. Lincoln desejando sucesso para meus negócios. A jornada transcorreu sem nenhum problema. Depois de alguns dias de descanso, fui até a Casa Branca e resolvi algumas coisas para a sra. Lincoln. Não tinha vontade de entrar na casa, pois tudo nela era uma lembrança amarga do passado, e, quando saí, torci para que aquela fosse a última vez. Alguns amigos me perguntaram se enviei cartões de apresentação para a família do sr. Johnson, e minha resposta foi que não, pois eu não tinha o desejo de trabalhar para a família do presidente. O sr. Johnson não era amigo do sr. Lincoln nem fora capaz de tratar a sra. Lincoln, em seu momento mais difícil, com o mínimo de compaixão.

Tendo prometido fazer um enxoval de primavera para a esposa do senador Douglas assim que voltasse de Chicago, fui até ela para cumprir minha promessa. Ela pareceu feliz em me ver e, ao me cumprimentar, perguntou, com clara surpresa:

– Ora, Keckley – ela sempre me chamava de Keckley –, é você? Eu não sabia que você ia voltar. Me disseram que você ficaria com a sra. Lincoln durante todo o verão.

– Se pudesse, a sra. Lincoln teria ficado feliz se eu tivesse ficado lá.

– Se pudesse? O que você quer dizer com isso?

– Que ela está sendo alvo de muitas cobranças e só podia pagar pelas minhas despesas, não pelo meu tempo.

– Isso é verdade? Eu achei que ela tivesse ficado em boas condições financeiras.

– Creio que muitos pensam assim. Garanto que a sra. Lincoln está economizando ao máximo. Preciso cuidar de mim, sra. Douglas, então voltei para Washington para reabrir minha loja.

No dia seguinte, reuni minhas assistentes, e meu negócio seguiu como de costume. Pedidos chegavam mais rápido do que eu conseguia atender. Certo dia, em meados do mês de junho, a garota que atendia a porta veio até a sala de corte, onde eu trabalhava com afinco.

– Sra. Keckley, tem uma senhora lá embaixo querendo vê-la.

– Quem é?

– Não sei. Não perguntei o nome.

– O rosto parece conhecido? É uma cliente habitual?

– Não, acho que nunca esteve aqui. Veio em uma carruagem aberta, com uma mulher negra como criada.

– Pode ser a esposa de um dos novos secretários do sr. Johnson. Desça, sra. Keckley – exclamaram minhas funcionárias, em coro.

Desci e, ao entrar na recepção, uma senhora de vestimenta simples se levantou e perguntou:

– Você é a modista?
– Sim, sou eu.
– Sra. Keckley?
– Sim.
– A antiga modista da sra. Lincoln, não?
– Sim, trabalhei para a sra. Lincoln.
– Está muito ocupada agora?
– Sim, bastante.
– Pode me ajudar?
– Depende do que a senhora quer e para quando quer.
– Bem, digamos que um vestido agora e mais alguns em algumas semanas.
– Posso fazer um vestido para a senhora agora, não mais que isso. Não consigo terminar um vestido em menos de três semanas.
– Isso basta. Sou a sra. Patterson, filha do presidente Johnson. Estou esperando minha irmã, sra. Stover, que deve chegar em três semanas, e o vestido é para ela. Temos o mesmo manequim, e a senhora pode provar o vestido em mim.

As condições foram acordadas e, após eu tomar as medidas da sra. Patterson, ela me desejou um bom dia, entrou na carruagem e se foi.

Quando subi até a sala de trabalho, as garotas estavam ansiosas para saber quem era a cliente.

– Era a sra. Patterson, filha do presidente Johnson – respondi.
– O quê? A filha do nosso bom Moisés? Você vai trabalhar para ela?
– Aceitei a encomenda.
– Temo que o sr. Johnson se mostre um péssimo Moisés e eu não trabalharia para ninguém da família – disse uma das garotas. Nenhuma delas parecia gostar do sucessor do sr. Lincoln.

Terminei o vestido para a sra. Patterson, e ela ficou satisfeita. Depois descobri que tanto a sra. Patterson quanto a sra. Stover eram mulheres gentis, simples e modestas.

Um dia, quando fui à Casa Branca para tratar de um trabalho que estava fazendo para elas, encontrei a sra. Patterson ocupada em uma máquina de costura. A cena era uma novidade para mim em se tratando da Casa Branca, pois, durante todo o tempo que passei com a sra. Lincoln, não me lembro de tê-la visto com sequer uma agulha nas mãos. O último trabalho que fiz para os Johnsons foram dois vestidos, um para cada uma das irmãs. A sra. Patterson depois me escreveu um bilhete, pedindo que eu cortasse um vestido para ela, ao que respondi que nunca cortava algo que seria finalizado fora de meu ateliê. Isso colocou um fim abrupto em nossas relações comerciais.

Os meses se passaram e meus negócios prosperaram. Eu recebia cartas da sra. Lincoln com frequência e, à medida que o aniversário da morte de seu marido se aproximava, ela escrevia com mais tristeza. Antes de eu ir embora de Chicago, ela me prometeu que, se o Congresso lhe garantisse uma verba, eu me juntaria a ela no Oeste e com ela visitaria o túmulo do presidente pela primeira vez. A ajuda financeira era uma de suas condições para minha ida, pois, sem o auxílio do Congresso, ela não poderia pagar minhas despesas. O montante não foi disponibilizado, e eu não pude me juntar à sra. Lincoln na época definida. Ela me escreveu que seus planos eram sair de Chicago pela manhã com Tad, chegar a Springfield à noite, hospedar-se em um dos hotéis, ir até Oak Ridge no dia seguinte e pegar o trem para Chicago na mesma noite, evitando, assim, encontrar qualquer conhecido. Conforme ela me escreveu mais tarde, esse plano foi concretizado. Quando o segundo aniversário se aproximou, o presidente Johnson e sua comitiva viajavam por ali, e, como eles visitariam Chicago, ela fez questão de não estar na cidade quando eles chegassem; então correu para Springfield e passou o tempo chorando sobre a tumba onde as cinzas sagradas de seu marido repousavam.

Durante todo esse tempo, fizeram-me muitas perguntas sobre a vida da sra. Lincoln, algumas motivadas pela amizade, mas, a maioria, pela curiosidade. No entanto, minhas respostas eram breves e muitas vezes insatisfatórias, para a grande decepção de alguns.

A origem da rivalidade entre o sr. Douglas e o sr. Lincoln

Desde a infância, a sra. Lincoln tinha a ambição de se tornar esposa de um presidente. Segundo uma de suas irmãs me contou, quando menina, ela tendia a ser um tanto inquieta e obstinada. Um dia ela brincava na sala, fazendo mais barulho do que a paciência de sua avó era capaz de suportar, quando a senhora olhou por cima dos óculos e disse, em tom de comando:

– Sente-se, Mary. Fique quieta. O que será de você se continuar assim?

– Ah, quando eu crescer, vou me casar com um presidente – respondeu com naturalidade a criança mimada.

Como srta. Mary Todd, a sra. Lincoln era uma das mais belas moças de Springfield, Illinois, e, segundo dizem, gostava de paquerar. Com frequência mantinha meia dúzia de cavalheiros na palma da mão. Se eu não estiver enganada, o mundo não sabe que a rivalidade entre o sr. Lincoln e o sr. Stephen A. Douglas se iniciou por causa de um pedido de casamento feito à srta. Mary Todd. A jovem era ambiciosa e sorria com mais doçura para o sr. Douglas e o sr. Lincoln do que para qualquer outro de seus admiradores, pois eles eram considerados cavalheiros em ascensão. Ela desempenhou seu papel tão bem que, por um bom tempo, nenhum dos rivais sabia dizer quem seria o vencedor. O sr. Douglas foi o primeiro a pedir sua mão, mas ela o descartou. O jovem argumentou com ousadia:

– Mary, você não sabe o que está recusando. Você sempre quis ser esposa de um presidente. Perdão pela egolatria, mas temo que, ao recusar meu pedido esta noite, você tenha jogado fora a maior chance de um dia comandar a Casa Branca.

– Não entendi, sr. Douglas.

– Então vou dizer mais claramente. Você sabe, Mary, que sou ambicioso como você, e algo parece sussurrar ao meu ouvido: "Um dia você vai ser presidente". Pode ter certeza de que vou travar uma luta obstinada para alcançar essa posição.

– Vou torcer muito pelo senhor, sr. Douglas, mas ainda assim não posso aceitar ser sua esposa. Eu vou ser a esposa do presidente, mas não será como sra. Douglas.

Tive acesso a esse pequeno capítulo de romance dos lábios da própria sra. Lincoln.

Em um dos eventos na Casa Branca, logo depois da primeira posse, a sra. Lincoln se juntou ao *promenade* com o senador Douglas. Ele segurava um buquê que fora dado a ela e, enquanto caminhavam, ele disse:

– Mary, ter você segurando meu braço me faz lembrar dos velhos tempos.

– Está se referindo aos dias da nossa juventude? Preciso reconhecer, sr. Douglas, que o senhor era um pretendente galante.

– Não apenas um pretendente, um namorado. Você se lembra da noite em que nosso flerte terminou?

– É claro que sim. Hoje o senhor vê que eu tinha razão. Eu sou a esposa do presidente, mas não como a sra. Douglas.

– É verdade, você alcançou o objetivo antes do que eu, mas não me desespero. A sra. Douglas, e mulher mais nobre não há de existir, talvez seja sua sucessora como esposa do presidente.

Algumas noites depois que o pedido de casamento do sr. Douglas foi negado, o sr. Lincoln pediu a mão da srta. Todd, mas, ao que parece, a jovem não estava disposta a se render prontamente. Ela acreditava que podia deixar o amante à deriva e conquistá-lo de volta no dia seguinte.

– O senhor é ousado, sr. Lincoln.

– O amor faz isso comigo.

– É uma honra, mas, me perdoe, não posso aceitar ser sua esposa.

– É sua resposta definitiva, srta. Todd? – o pretendente se levantou, nervoso.

– Eu não costumo brincar, sr. Lincoln. Por que eu deveria reconsiderar amanhã a decisão de hoje?

– Peço desculpas. Sua resposta é suficiente. Fui levado a acreditar que eu pudesse vir a ser mais caro a você do que um amigo, mas a esperança, ao que parece, se provou inútil. Boa noite, srta. Todd – e o pálido, porém calmo sr. Lincoln curvou-se e saiu.

Alucinado, correu até seu escritório. O dr. Henry, seu amigo mais próximo, chegou e ficou surpreso ao ver o jovem advogado andando de um lado para o outro, agitado.

– Qual é o problema, Lincoln? Você parece desesperado.

– Problema? Estou cansado deste mundo cruel e não me importo nem um pouco se morresse agora mesmo.

– Você só pode estar delirando. O que aconteceu? Brigou com a namorada?

– Brigou? Quisera Deus que fosse só uma briga, porque assim eu poderia esperar uma reconciliação. A garota se recusou a ser minha esposa, depois de me fazer acreditar que me amava. É uma coquete sem coração.

– Não desista tão facilmente. Anime-se, homem, nem tudo está perdido. Talvez ela só esteja testando seu amor.

– Não! Acho que ela vai se casar com Douglas. Se ela fizer isso, eu estouro meus miolos.

– Bobagem! Isso não resolveria nada. Seus miolos servem para outra coisa. Venha, vá para casa. Vá para a cama e durma. Amanhã vai acordar se sentindo melhor – o dr. Henry pegou o braço do amigo, levou-o para casa e colocou-o na cama.

Na manhã seguinte, o médico foi ao quarto do sr. Lincoln e descobriu que o amigo havia passado uma noite agitada. Havia tido febre, que ameaçava assumir uma forma violenta. Vários dias se passaram, e o sr. Lincoln ficou acamado. O dr. Henry decidiu fazer uma visita à srta. Todd para descobrir quão grave era o problema. Ela ficou feliz em vê-lo, mas profundamente angustiada ao saber que o sr. Lincoln havia adoecido. Quis ir até ele de pronto, mas o médico a lembrou de que era ela a causa da doença. Ela reconheceu que fora tola, argumentando que só queria testar a sinceridade do amor do sr. Lincoln, que ele era o dono de seu coração e ela se casaria com ele.

O médico voltou com as melhores notícias ao paciente. A informação se provou o melhor remédio para a doença. Explicações mútuas se seguiram e, em poucos meses, o sr. Lincoln levou a srta. Todd ao altar, triunfante.

Descobri esses fatos com o sr. Henry e a sra. Lincoln. Acredito que sejam verdadeiros e, como tal, aqui os registro. Eles não coincidem com a história do sr. Herndon de que o sr. Lincoln só amou uma mulher, cujo nome era Ann Rutledge; antes, a história do sr. Herndon deve ser encarada como uma agradável obra de ficção. Quando o boato surgiu, a sra. Lincoln ficou chocada que alguém que se dizia amigo de seu falecido marido tentasse deliberadamente difamar sua memória. O sr. Lincoln era um homem honesto demais para se casar com uma mulher que não amasse. Era um marido gentil e generoso e, quando via defeitos em sua mulher, desculpava-os, como desculparia os atos impulsivos de uma criança. Na verdade, a sra. Lincoln nunca ficava mais feliz do que quando o presidente a chamava de sua esposa-criança.

Antes de finalizar este capítulo de divagações, quero citar outro acontecimento.

Após a morte de meu filho, a srta. Mary Welsh, uma querida amiga, uma de minhas clientes mais antigas em St. Louis, veio me ver e, ao abordar a causa da minha dor, exprimiu suas condolências. Sabia que eu esperava pelo dia em que meu filho seria o meu apoio, o amparo e o esteio na minha velhice e, ciente disso, me aconselhou a solicitar uma pensão. Eu não gostava da ideia e lhe disse que não queria ganhar dinheiro com sua morte. Ela esclareceu todas as minhas objeções – argumentou que o Congresso havia garantido uma verba exatamente para oferecer pensão às viúvas que perdessem seu filho único na guerra e insistiu que eu deveria receber os meus direitos. Demonstrou tamanho entusiasmo pela questão que fez uma visita ao Exmo. Owen Lovejoy, que na época era membro da Câmara por Illinois, e lhe apresentou meu caso. O sr. Lovejoy foi muito gentil e disse que, como eu tinha direito à pensão, eu a receberia, ainda que ele tivesse de levar a questão ao Congresso. Eu não queria nenhum escândalo, e o sr. Lovejoy preparou meu pedido e o apresentou aos comissários. Nesse ínterim, ele deixou Washington, e o sr. Joseph Lovejoy, seu irmão, cuidou do processo, finalmente conseguindo me beneficiar com uma pensão de oito dólares mensais. O sr. Joseph Lovejoy era democrata e defendeu minha reivindicação com grande seriedade; ele achava que o pedido não seria concedido, pois isso seria vantajoso para o partido. No entanto, a pensão foi outorgada, e sou muito grata a ele por sua bondade e seu interesse pelo meu bem-estar.

Velhos amigos

Introduzo aqui um capítulo agradável da minha vida e para isso devo fazer uma breve retrospectiva. A sra. Ann[e] Garland, a sinhá de quem comprei minha liberdade em St. Louis, teve cinco filhas, todas garotas adoráveis e atraentes. Eu me orgulhava de vestir as duas mais velhas, srta. Mary e srta. Carrie, para variadas festas. Embora a família passasse por problemas financeiros, eu trabalhava para essas duas jovens, e elas sempre puderam apresentar uma boa aparência junto à sociedade. Elas eram muito admiradas e tiveram os melhores casamentos da temporada. A srta. Mary se casou com o dr. Pappan, e a srta. Carrie, com o dr. John Farrow. Eu amava muito as duas, e elas eram bastante apegadas a mim. As duas já faleceram, e, quando o véu da morte estava prestes a lhes cobrir os olhos, elas chamaram por mim e pediram para morrer em meus braços. A srta. Carrie não viveu muito mais que a irmã, e eu chorei muitas lágrimas sobre o leito de morte das duas flores adoráveis que haviam florescido tão docemente diante de meus olhos. Cada uma delas deu seu último suspiro nos braços que tão frequentemente as abrigaram no período róseo da vida.

Minha mãe cuidou do meu filho, e a srta. Nannie Garland, a quarta filha, se tornou minha responsabilidade quando ainda era bem pequena. Ela dormia em minha cama e eu cuidava dela como se fosse minha própria filha. Ela me chamava de Yiddie, e eu não a teria amado mais se ela fosse irmã de meu pobre garoto. Ela tinha por volta de 12 anos quando comprei minha liberdade, e com isso entreguei minha responsabilidade por ela a outras mãos. Depois da morte do sr. Garland, a viúva voltou para Vicksburg, Mississippi, e eu perdi contato com a família por alguns anos. Minha mãe foi com eles para essa cidade, onde morreu. Eu fiz duas visitas a Vicksburg como uma mulher livre, a segunda para tratar dos poucos pertences deixados por minha mãe. Como à época de seu falecimento eu não visitei o túmulo dela, os Garlands ficaram surpresos, mas eu não me expliquei. O motivo não é difícil de entender. Minha mãe foi enterrada em uma área pública, e as indicações de seu túmulo eram tão obscuras que não era possível apontar o lugar de imediato. Olhar para um túmulo e não ter certeza de quem são as cinzas que repousam sob o solo é doloroso, e a dúvida enfraquece a força, se não a pureza, da oferta de amor do coração. A memória preservava uma imagem ensolarada do rosto de minha mãe, e eu não queria tecer fios sombrios – fios que sugeririam um cemitério deserto – sobre ela, diminuindo, assim, sua beleza. Após passar algumas semanas com a família, voltei a St. Louis e depois vim para o Norte. A guerra estourou e perdi qualquer contato com os Garlands. Com frequência, enquanto morei em Washington, eu me lembrava do passado e me perguntava o que teria acontecido com aqueles que reclamaram meus primeiros deveres e cuidados. Quando eu mencionava seus nomes e expressava interesse em seu bem-estar, meus amigos do Norte reviravam os olhos, surpresos.

– Ora, Lizzie, como você pode reservar um pensamento afetuoso para aqueles que lhe infligiram tanto mal, mantendo-a em cativeiro? – perguntavam.

– Vocês se esquecem de que o passado é querido a todos, pois a ele pertencem os anos dourados, a infância. O passado é um espelho que reflete os principais acontecimentos da minha vida. Renunciá-lo é renunciar grande parte da minha existência, as primeiras impressões, os amigos e os túmulos de meu pai, minha mãe e meu filho. Essas pessoas estão associadas a tudo o que há de mais caro à minha memória, e, enquanto essa memória se provar fiel, é natural que eu deseje vê-las novamente.

– Mas elas se esqueceram de você. São egoístas demais para lhe reservar um único pensamento, agora que você não é mais escrava delas.

– Talvez, mas não acredito nisso. Você não conhece as pessoas do Sul como eu conheço, como a relação entre senhor e escravo é calorosa.

Meus amigos do Norte não conseguiam entender o sentimento, portanto a explicação era quase inútil. Eles ouviam com impaciência e ao final comentavam, dando de ombros:

– Você tem umas ideias estranhas, Lizzie.

No outono de 1865, uma senhora veio até mim em Washington. Seu rosto parecia familiar, mas eu não conseguia dizer de onde a conhecia. Quando entrei, ela se aproximou de mim, ansiosa:

– Você está surpresa por me ver, eu sei. Acabei de chegar de Lynchburg, e quando deixei a prima Ann[e], prometi procurá-la, caso viesse a Washington. Estou aqui, como pode ver, cumprindo minha promessa.

Fiquei mais perplexa do que nunca.

– Prima Ann[e]! Me perdoe...

– Ah, vejo que não me reconhece. Sou esposa do general Longstreet, mas você me conheceu quando menina como Bettie Garland.

– Bettie Garland! É você mesmo? Estou tão feliz em vê-la. Onde a srta. Ann[e] vive agora? – Sempre chamei minha última sinhá de srta. Ann[e].

– Ah! Eu achei mesmo que você não se esqueceria dos velhos amigos. A prima Ann[e] está em Lynchburg. Toda a família está na Virgínia. Eles se mudaram para lá durante a guerra. Fannie morreu. Nannie já é uma mulher e está casada com o general Meem. Hugh foi morto na guerra, e agora só restam Spot, Maggie e Nannie.

– Fannie morreu! E o pobre Hugh! Você me traz notícias tristes e agradáveis. Então minha filhotinha está casada? Mal posso acreditar; ela era uma criança da última vez que a vi.

– Sim, Nannie está casada com um nobre. O general Meem pertence a uma das melhores famílias da Virgínia. Eles estão morando em Rude's

Hill, passando Winchester, no Vale do Shenandoah. Todos querem muito ver você.

– Seria um prazer ir até eles. Srta. Bettie, mal posso acreditar que é esposa do general Longstreet; e fico pensando, você agora está sentada na mesma cadeira e na mesma sala onde a sra. Lincoln se sentou tantas vezes!

Ela riu.

– A mudança é grande, Lizzie; hoje nós nem sonhamos com o que o amanhã vai trazer. Bem, precisamos ter uma visão filosófica da vida. Depois de lutar por tanto tempo contra os *yankees*, o general Longstreet agora está em Washington, pleiteando o perdão, e propomos viver em paz com os Estados Unidos novamente.

Eu tinha muitas perguntas a fazer sobre velhos amigos, e o tempo passou voando. Ela me tratou com a mesma franqueza que sempre me dedicou, e fui transportada ao passado. Sua estada em Washington foi breve, pois o general resolveu suas questões, e eles foram embora da capital no dia seguinte.

A sra. Longstreet me deu o endereço dos Garlands, e eu escrevi para eles, expressando a esperança de poder revê-los em breve. Em resposta, chegaram cartas emocionadas e repletas de carinho. No inverno de 1865, a srta. Nannie me escreveu dizendo que tinha o melhor marido do mundo, que planejavam dar um jeito na casa na primavera e que ficariam felizes em me receber para uma visita em julho do ano seguinte. Ela me mandou um convite insistente: "Você precisa vir, querida Lizzie", escreveu. "Atualmente estamos morando em Rude's Hill. E estou morrendo de vontade de vê-la. Mamãe, Maggie, Spot e Minnie, filha da irmã Mary, estão comigo, e só falta você para completar o grupo. Venha. Não vou aceitar um 'não' como resposta."

Eu também estava ansiosa para revê-los, e, quando recebi o convite urgente, decidi ir de uma vez e escrevi dizendo que me esperassem em agosto. No dia 10 de agosto, saí de Washington com destino à Virgínia, pegando o trem até Harper's Ferry. A viagem foi acompanhada de muitas decepções.

Chegamos a Harper's Ferry à noite e, como estava dormindo, fui levada até a estação seguinte, onde tive de esperar e pegar o trem de volta. Após voltar a Harper's Ferry, onde fiz a baldeação para Winchester, perdi o trem, e fiquei mais um dia presa. Saindo de Winchester, a única maneira de chegar a Rude's Hill era de carruagem. Iniciamos a exaustiva viagem à noite e prosseguimos a madrugada inteira. Um jovem que também estava na carruagem disse que conhecia bem o general Meem e que me diria quando chegássemos. Confiei nele e dormi, e, pelo que parece, o jovem seguiu meu exemplo. Por volta das quatro da manhã, um dos passageiros me chacoalhou e perguntou:

– Tia, a senhora não querer descer em Rude's Hill?

Acordei, esfregando os olhos.

– Sim. Já chegamos?

– Mais que chegamos. Já passamos.

– Passamos?

– Sim. Dez quilômetros. Não devia dormir tão profundamente, tia.

– Por que você não me avisou *antes*? Estou *tão* ansiosa para chegar.

– A verdade é que esqueci. Não importa. Desça neste povoado e vai encontrar condução de volta.

O povoado, New Market, estava em péssimas condições; todos falavam abertamente sobre a triste destruição da guerra. Saí da carruagem e entrei em uma casa, chamada de hotel por delicadeza, onde consegui uma xícara de café.

– Não há condução daqui para Rude's Hill? – perguntei.

– Sim. A carruagem sai esta noite – respondeu o estalajadeiro.

– Esta noite? Eu quero ir o quanto antes. Vou morrer se tiver que ficar o dia todo neste lugar solitário.

Vendo que eu estava falando sério, um homem de cor atrás do bar se aproximou e me disse que me levaria à casa do general Meem em uma hora. Alegrei-me com a notícia e lhe pedi que se preparasse para sair o quanto antes.

À porta do hotel, esperando pacientemente que meu amigo de cor fizesse a volta com sua pequena carroça, uma velha gorda atravessou a rua e me cumprimentou.

– Você não é a Lizzie?

– Sim – respondi, surpresa que ela soubesse meu nome.

– Pensei mesmo que fosse. Eles estão esperando por você em Rude's Hill há duas semanas e não fazem mais nada além de falar de você. A sra. Meem esteve na cidade ontem e disse que a esperava esta semana com certeza. Eles vão ficar muito felizes ao vê-la. Ora, você não vai acreditar! Eles mantêm um lampião queimando na janela da frente há dez noites para você não passar reto pelo lugar, caso chegue à noite.

– Obrigada. Que bom saber que estão me esperando. Peguei no sono na carruagem e por isso estou aqui, e não em Rude's Hill.

Nesse momento o homem de cor veio com a carroça. Subi com ele e logo estava na estrada a caminho da casa de campo do general Meem.

Chegando a Rude's Hill, vi um jovem em pé no jardim e, acreditando ser Spot, que eu não via havia oito anos, acenei para ele. Com uma expressão de alegria, ele correu até mim. Seus movimentos atraíram a atenção da família e, em um minuto, a porta estava cheia de rostos ansiosos e curiosos.

– É Lizzie! É Lizzie! – foi o grito feliz vindo de todos.

Na ânsia de ir até eles, desci da carroça para pular a cerca e saltar triunfante para o jardim, mas minha exultação foi breve. Minha saia ficou presa em um dos postes, e eu caí esparramada no chão. Spot foi o primeiro a chegar até mim. Ele me levantou e me colocou nos braços da srta. Nannie, de sua irmã Maggie e da sra. Garland. Se meus amigos do Norte tivessem visto esse encontro, nunca mais duvidariam do carinho da sinhá por sua ex-escrava. Fui levada até a casa com todas as honras. Na entrada, pegaram minhas coisas e me colocaram em uma poltrona diante de uma lareira. Os criados assistiram, espantados.

– Lizzie, você não mudou nada. Parece tão jovem quanto na época em que nos deixou em St. Louis, anos atrás. – E a sra. Meem, minha filha adotiva, me beijou mais uma vez.

– Veja, Lizzie, esta é Minnie, Minnie Pappan, filha da irmã Mary. Ela não está crescida? – A srta. Maggie conduziu uma garotinha alta e com ar de rainha até mim.

– Minnie! Filha da pobre srta. Mary! Mal posso acreditar. Ela era um bebê da última vez que a vi. Me sinto uma velha vendo o quanto ela cresceu. Srta. Minnie, você é maior do que sua mãe... sua querida mãe, que segurei nos braços quando ela morreu – sequei uma lágrima de cada um dos olhos.

– Você já tomou café da manhã, Lizzie? – perguntou a sra. Garland.

– Não, ela não tomou – exclamaram as crianças em coro. – Eu vou pegar o café da manhã para ela. – E Nannie, Maggie e Minnie correram para a cozinha.

– Não é preciso irem todas – disse a sra. Garland. – A cozinheira está aqui, ela vai preparar o café.

Mas as três não lhe deram ouvidos, correram para a cozinha e logo me trouxeram um belo café da manhã quentinho.

Enquanto eu comia, a cozinheira observou:

– Vô fala, nunca vi ninguém agi assim. Mi pergunto se eu num divia i imbora uns dois ou trêis anos, se ocêis tudo ia mi abraça e beja assim quando eu voltasse...

Assim que terminei de tomar o café, o general Meem entrou e me cumprimentou, calorosamente:

– Lizzie, estou muito feliz em vê-la. Parece que nos conhecemos há muito tempo. Minha esposa, minha cunhada e minha sogra sempre falam muito de você. Bem-vinda a Rude's Hill.

A primeira impressão que tive dele foi muito boa, e o relacionamento mais próximo provou que ele era mesmo um cavalheiro.

Durante a guerra, Rude's Hill foi ocupada pelas tropas do general Stonewall Jackson como seu quartel-general, o que atraiu mais atenção ao local do que de costume. O lugar era adorável, mas as marcas da guerra podiam ser vistas em todos os cantos. O general Meem tinha plantações e empregava muitos criados que o ajudavam no trabalho. A mais ou menos um quilômetro e meio de Rude's Hill ficava Mount Airy, onde o irmão do general possuía uma elegante casa de campo. As duas famílias se visitavam bastante, e, como ambas eram ótimas companhias, os meses do outono transcorreram muitíssimo bem. Eu estava confortavelmente instalada em Rude's Hill e recebi muitos cuidados. Costuramos juntas, conversamos sobre os velhos tempos, e todos os dias saíamos a passeio ou andávamos a cavalo. O cômodo onde eu ficava durante o dia era onde o general Jackson sempre dormia, e as pessoas vinham de todas as partes para vê-lo. Ele era o soldado-modelo dos sulistas, e estes o adoravam como a um ídolo. Todo visitante tirava uma lasca das paredes ou das janelas do cômodo para levar como tesouro e relíquia inestimáveis.

Não demorei muito para descobrir que eu era objeto de grande curiosidade na vizinhança. Minha relação com a sra. Lincoln e com os Garlands, de quem eu fora escrava, despertava um interesse exagerado nas pessoas.

O coronel Harry Gilmore, famoso líder partidário em Maryland e na Virgínia durante a guerra, era visita frequente em Mount Airy e Rude's Hill. Um dia acompanhei o grupo a um evento, e o general Meem riu, contente, da mudança que havia acontecido comigo em tão pouco tempo.

– Ora, Lizzie, você está andando com o coronel Gilmore. Pense na mudança, de Lincoln a Gilmore! Parece um sonho. Mas isso prova o sentimento de paz que reina neste país; uma mudança que, acredito, é um bom sinal de dias melhores para todos nós.

Tive longas conversas com a sra. Garland, e, em uma delas, perguntei o que havia acontecido com a única irmã de minha mãe, que era criada da mãe da sra. G.

– Ela morreu, Lizzie. Há alguns anos. Uma criada nos tempos de antigamente era algo diferente do que entendemos por criada hoje em dia. Sua tia esfregava o chão e ordenhava as vacas de vez em quando, além de atender às ordens da minha mãe. Minha mãe era severa com seus escravos em alguns aspectos, mas ao mesmo tempo seu coração era cheio de bondade. Ela mandou castigar sua mãe um dia e, por não gostar de sua expressão de tristeza, fez duas promessas extravagantes para que se reconciliassem, ambas aceitas. Com a condição de que a criada ficasse feliz e fosse boa e amigável com ela, a sinhá disse que ela poderia ir à igreja no domingo seguinte e que lhe daria um vestido de seda para usar na ocasião. Minha mãe tinha apenas um vestido de seda, pois a seda não era tão abundante naquela época como é hoje, e mesmo assim deu o vestido à criada para fazer as pazes com ela. Duas semanas depois, minha mãe foi convidada a passar o dia na casa de uma vizinha e, ao examinar o guarda-roupa, descobriu que não tinha nenhum vestido adequado para usar em público. Ela só tinha uma alternativa: apelar para a generosidade da sua tia Charlotte. Charlotte foi chamada e informada da situação. A criada ofereceu o vestido de seda emprestado para a ocasião, e a sinhá ficou muito feliz em aceitar. Ela foi ao evento devidamente vestida, com a roupa que sua criada usara na igreja no domingo anterior.

Estávamos rindo do incidente quando a sra. Garland disse:

– Lizzie, durante a guerra eu pensei em você todos os dias. Queria tanto vê-la. Quando ficamos sabendo que você estava com a sra. Lincoln, as pessoas me diziam que eu era boba por pensar que a veria novamente, que você tinha mudado seu jeito de pensar. Mas, conhecendo seu coração, eu sabia que você não se esqueceria de nós. Sempre disse que você viria nos visitar algum dia.

– A senhora me julgou corretamente, srta. Ann[e]. Como eu poderia me esquecer da senhora, com quem convivi a infância toda? As pessoas do Norte me diziam que a senhora provavelmente tinha se esquecido de mim, mas eu dizia a elas que eu é que sabia e mantive a esperança.

– Ah! O amor é forte demais para ser soprado como uma teia de aranha. Seus laços são fortes o suficiente para atar uma vida até mesmo depois da morte. Você sempre pensa em mim com amor, Lizzie?

– Para falar a verdade, srta. Ann[e], eu tenho apenas um pensamento ruim, o de que a senhora não me deu a vantagem de uma boa educação. O que eu aprendi foi com meus estudos, em anos posteriores.

– Você tem razão. Eu não via as coisas como vejo hoje. Sempre lamentei que você não tenha recebido educação quando menina. Mas você não sofreu muito por isso, uma vez que se saiu melhor no mundo do que nós, que tivemos todas as vantagens de uma educação na infância.

Fiquei em Rude's Hill durante cinco semanas, as cinco das semanas mais agradáveis da minha vida. Eu planejara ir direto para Richmond, mas a cólera se espalhava na cidade, então peguei o trem para Baltimore. Em Baltimore, fiquei com a sra. Annette Jordan. A sra. Garland me dera uma carta endereçada à sra. Douglas Gordon, que me apresentou a várias senhoras de Baltimore, entre elas a esposa do dr. Thomas, que me disse, com lágrimas nos olhos:

— Lizzie, você merece todo o sucesso por ter sido tão gentil com nossos amigos no passado. Eu queria que houvesse mais mulheres como você no mundo. Sempre vou fazer o que eu puder para garantir seu bem-estar.

Depois de passar uns dias em Baltimore, cheguei à conclusão de que ficaria melhor em Washington. Então voltei à capital e reabri meus negócios.

Na primavera de 1867, a srta. Maggie Garland fez uma visita a Baltimore. Antes de ir embora da Virgínia, ela disse a algumas amigas em Lynchburg que planejava ir até Washington para ver Lizzie. Suas amigas ridicularizaram a ideia, mas ela insistiu:

— Eu amo Lizzie como se fosse minha mãe. Ela foi uma mãe para todos nós. Minha visita não terá graça se eu não puder vê-la.

Ela me escreveu uma carta dizendo que planejava me visitar, perguntando se seria conveniente. Eu respondi: "Sim, venha, com certeza. Vou ficar muito feliz em vê-la".

Ela veio e ficou hospedada em minha casa. Expressou surpresa por me encontrar instalada com tanto conforto.

Não há maneira melhor de concluir este capítulo do que com duas cartas de minhas amigas queridas: a primeira, da esposa do general Meem, e a segunda, da srta. Maggie Garland. Essas cartas mostram a bondade de seu coração e a sinceridade de seu caráter. Acredito que elas não irão se opor à sua publicação:

RUDE'S HILL, 14 de setembro de 1867.

MINHA QUERIDA LIZZIE:

*Mil desculpas por não ter avisado que recebi sua carta e a caixa muito boa de amostras, algumas semanas atrás. Perdoe minha negligência, pois pode imaginar como estive ocupada o verão inteiro, com a casa cheia a maior parte do tempo e criados muito ineficientes, e em alguns departamentos sem nenhum. Então muitas vezes precisei cozinhar, arrumar a casa e a última e **mais** difícil tarefa, ordenhar* *as vacas. Mas entreguei essa função ao jardineiro, que, embora tão inexperiente na atividade quanto eu, pareceu disposto a aprender e tem tirado o leite durante todo o verão. Essas são algumas razões pelas quais não escrevi antes, pois acredite que você tem um lugar muito especial no meu coração, quer eu lhe escreva ou deixe de escrever (aliás, você não é uma correspondente tão assídua também). Mamãe, Mag, tio John e Spot ainda estão conosco. Spot vai passar o inverno comigo, mas todos os outros dizem que vão embora logo. A chegada do inverno sempre afasta nossos convidados, e somos obrigados a passar sozinhos essa longa e triste estação. Mas a ferrovia até Mt. Jackson deve ficar pronta até o Natal, talvez antes; então, se conseguirmos juntar dinheiro, vamos poder passar parte do inverno na cidade, e espero que você encontre um tempo para vir e passar o dia comigo, pois seremos quase vizinhas. Eu me dou ao luxo da agradável tarefa de escrever cartas tão raramente que quase nunca sei o que pode interessar meu correspondente, mas me gabo de que você ficará feliz em saber tudo sobre nós, então vou começar pelas crianças. Hugh melhorou muito e é considerado a criança mais bonita e inteligente do Estado; ele se expressa tão bem quanto eu e tem só 10 anos; a babá diz que não precisamos nos preocupar com ele, pois é superinteligente e independente, mas acredito que sua "maldade" o salvará, pois ele é terrivelmente mimado, como crianças interessantes costumam ser. A srta. Eliza, a quem não chamamos mais de Jane, está se tornando uma "estrelinha", como seu papai a chama; ela está aprendendo a andar e já consegue falar muitas palavras. Você jamais a tomaria pelo bebê chorão do verão passado, e ela é linda também – branca como a neve fresca, com os olhos azuis mais lindos e os cílios mais escuros e longos que você já viu. Ela vai enlouquecer alguém se crescer tão lindamente como promete. Meu querido marido, como eu, se esgotou este verão; mas até isso lhe cai bem e nunca o vi mais bonito. Ele emagreceu um pouco, o que é uma melhora e tanto, eu acho. Ele sempre fala de você e se pergunta se você gostou da visita no verão passado para repetir. Espero que sim, pois ele vai ficar feliz em recebê-la em Rude's Hill sempre que você tiver tempo para vir, desde que, é claro, você também queira vir. Spot espera começar a trabalhar em St. Louis no próximo inverno. Sua saúde melhorou muito, embora ele ainda esteja muito magro e muito, muito parecido com meu querido pai. Mag prometeu dar aulas a um priminho nosso, que vive no Condado de Nelson, até fevereiro, e vai embora em duas semanas para começar o trabalho. Odeio vê-la ir embora, mas ela está decidida, e nossos invernos são tão chatos que não quero insistir que ela se tranque com três velhos o inverno inteiro. Ela terá um grupo muito agradável na casa do primo Buller e talvez passe o restante do inverno com a tia Pris, se o tio Armistead ficar em Binghampton, Nova Iorque, como ele diz que vai ficar. Me escreva antes que fique ocupada demais com os trabalhos do outono e do inverno. Estou muito ansiosa para saber dos seus planos e da sua estada em Nova Iorque. A propósito, terei de endereçar esta carta a Washington, pois não sei seu endereço em Nova Iorque. Imagino que seus amigos a encaminharão para você. Se você for ficar em Nova Iorque, me mande seu endereço e eu escrevo novamente.* * *

Acabei escrevendo uma carta longa, embora ela não diga muita coisa, e espero que você faça o mesmo logo. Todos mandam lembranças.

Com carinho,
N. R. G. MEEM.

Minha pena e minha tinta estão tão ruins que temo que você tenha dificuldade em entender estes borrões, mas coloque os óculos, e o que não conseguir ler, adivinhe. Estou mandando uma foto do Hugh tirada na última primavera. A qualidade está péssima e peço que não a mostre a ninguém, pois garanto que não reflete a menor semelhança com ele agora.

N. R. G. M.

Disponibilizo apenas alguns trechos da agradável carta da srta. Maggie Garland. O leitor vai perceber que ela assina "Sua filha, Mag", uma expressão carinhosa que aprecio muitíssimo:

SEDDES, 17 de dezembro de 1867.

Tantos meses se passaram, minha querida Lizzie, desde que me alegrei ao ver sua carta, que fiquei preocupada, pensando por que não me escreveu mais, então resolvi lhe escrever. O que quer que tenha acontecido, algo triste ou alegre, você sabe que sempre a amarei e não permitirei que você me esqueça. Então decida-se logo a me escrever uma carta bonita e comprida, e me dizer o que está fazendo neste inverno gelado. Eu estou escondida nos confins de Amherst, e as rajadas desanimadoras de dezembro chegam assoviando, nos dizendo que a temporada das neves começou para valer. Desde outubro, estou dando aulas para meu primo, o sr. Claiborne, e embora esteja muito feliz e todos sejam muito gentis comigo, não vou me arrepender quando chegar o dia em que fechar todos os livros para sempre. Nenhuma das filhas da "srta. Ann[e]" tem vocação para ser professora de escola, não é mesmo, Yiddie? Tenho certeza de que fui feita apenas para andar de carruagem e tocar piano. Você não acha? * * *

Você precisa me dizer onde está para eu poder visitá-la quando for para o Norte; pois você sabe, querida Lizzie, que ninguém é capaz de ocupar o seu lugar no meu coração. Espero passar o Natal em Lynchburg. Vai ser muito alegre lá, e eu vou ficar feliz em dançar um bocado. Esta é uma carta breve após um silêncio tão longo, mas está muito frio para escrever.

Mande notícias logo.

Sua filha, MAG.

Por favor, me escreva, quero muito saber de você.

A história secreta do guarda-roupa da sra. Lincoln em Nova Iorque

Em março de 1867, a sra. Lincoln me escreveu de Chicago dizendo que, como sua renda era insuficiente para cobrir as despesas, ela seria obrigada a abrir mão da casa na cidade e voltar a viver de aluguel. Ela me contou que já havia lutado muito para manter as aparências e que a máscara precisava ser deixada de lado. "Não tenho meios", escreveu, "para custear até mesmo uma pensão de primeira classe, e vou ter de alugar um lugar barato, em alguma cidadezinha do interior. Não se surpreenda, minha querida Lizzie, se souber que vou vender uma parte do meu guarda-roupa para aumentar meus recursos, para poder viver decentemente, pois você se lembra do que eu lhe disse em Washington e do que viu antes de me deixar aqui em Chicago. Não posso viver com mil e setecentos dólares por ano, e, como tenho muitas coisas caras que nunca vou usar, posso muito bem transformá-las em dinheiro e assim aumentar minha renda e tornar minha situação mais favorável. É humilhante ficar nessa posição, mas não há nada que eu possa fazer, e por isso devo superá-la da melhor forma possível. Agora, Lizzie, quero lhe pedir um favor. Preciso urgentemente que você me encontre em Nova Iorque, entre 30 de agosto e 5 de setembro, para me ajudar a me desfazer de uma parte do meu guarda-roupa".

Eu sabia que a renda da sra. Lincoln era modesta e que ela tinha muitos vestidos valiosos, que não tinham valor para ela, guardados em caixas e baús. Eu tinha certeza de que ela nunca mais usaria aqueles vestidos e pensei que, como sua necessidade era urgente, seria bom vendê-los de forma discreta, e acreditava que Nova Iorque era o melhor lugar para fazer esse tipo de negócio. Ela era a esposa de Abraham Lincoln, o homem que fizera tanto por minha raça, e eu não podia negar nada que pudesse ajudá-la. Concordei em fazer tudo o que estivesse ao meu alcance e trocamos muitas cartas, discutindo a melhor maneira de proceder. Finalmente concordamos que eu deveria encontrá-la em Nova Iorque em meados de setembro. Enquanto pensava nisso, lembrei-me de um incidente na Casa Branca. Quando estávamos fazendo as malas para deixar Washington e ir para Chicago, ela me disse, certa manhã:

– Lizzie, estou vendo o dia em que serei obrigada a vender parte do meu guarda-roupa. Se o Congresso não fizer algo por mim, talvez precise vender meus vestidos para colocar comida na mesa.

Também lembrei que a sra. L. me disse várias vezes, nos anos de 1863-1864, que seus caros vestidos poderiam ajudá-la muito algum dia.

– Como assim, sra. Lincoln? Não estou entendendo – exclamei da primeira vez que ela fez essa observação.

– É muito simples. O sr. Lincoln é tão generoso que não vai guardar nada de seu salário, e imagino que vamos sair da Casa Branca mais pobres do que entramos. E, se for assim, não vou mais precisar de um guarda-roupa caro e será prudente vendê-lo.

À época, achei que a sra. Lincoln se preocupava à toa e nem sonhava que aquilo pudesse realmente acontecer.

Fechei meu ateliê por volta de 10 de setembro e me preparei para deixar Washington para cumprir minha missão. No dia 15 daquele mês, recebi uma carta da sra. Lincoln, com o carimbo do correio de Chicago, dizendo que ela sairia da cidade para ir a Nova Iorque na noite do dia 17, instruindo-me a chegar lá antes dela e reservar um quarto no Hotel St. Denis em nome de "sra. Clarke", pois sua visita deveria permanecer em segredo. O conteúdo da carta me alarmou. Eu nunca tinha ouvido falar desse lugar e presumi que não deveria ser um hotel de primeira classe. Também não havia entendido por que a sra. Lincoln viajaria, sem proteção, sob um nome falso. Eu sabia que seria impossível reservar quartos em um hotel estranho para uma pessoa que os proprietários não conheciam. Eu não podia escrever para a sra. Lincoln, uma vez que ela estaria a caminho de Nova Iorque antes que a carta pudesse chegar a Chicago. Não podia mandar um telegrama, pois a questão era delicada demais para ser confiada aos cabos que sussurrariam o segredo para todos os operadores curiosos ao longo da linha. Preocupada, agarrei-me a um fio de esperança e tentei me consolar. Eu sabia que a sra. Lincoln era indecisa em algumas questões e esperava que ela mudasse de ideia em relação à estranha programação e no último momento me avisasse da mudança. Os dias 16 e 17 de setembro passaram e não recebi nenhum aviso. Então dia 18 apressei-me para pegar o trem para Nova Iorque. Após uma viagem ansiosa, cheguei à cidade no início da noite e, quando me vi sozinha nas ruas da grande metrópole, meu coração apertou. Eu estava em uma situação desagradável e mal sabia como agir. Desconhecia o Hotel St. Denis e não tinha certeza se encontraria a sra. Lincoln lá quando chegasse. Caminhei até a Broadway e entrei em um bonde que ia para o norte da cidade, com a intenção de manter os olhos bem abertos em busca do hotel em questão. Um cavalheiro de aparência gentil estava no assento ao meu lado e me aventurei a lhe perguntar:

– Por favor, senhor, sabe me dizer onde fica o Hotel St. Denis?

– Sim. O bonde passa por ele. Eu aponto quando chegarmos.

– Obrigada, senhor.

A bonde sacudiu rua acima, e, depois de um tempo, o cavalheiro olhou pela janela e disse:

— Este é o St. Denis. A senhora quer descer aqui?

— Sim, senhor. Obrigada.

Ele puxou a cordinha e no minuto seguinte eu estava na calçada. Apertei a campainha da entrada de senhoras e, quando um garoto surgiu à porta, eu o abordei:

— Uma senhora que atende pelo nome de sra. Clarke está hospedada aqui? Ela deve ter chegado ontem à noite.

— Não sei. Vou perguntar à recepção — e me deixou sozinha.

O garoto voltou e disse:

— Sim, a sra. Clarke está hospedada aqui. A senhora quer vê-la?

— Sim.

— Bem, pode entrar. Ela está aqui embaixo agora.

Eu não sabia por onde exatamente "entrar", mas concluí que deveria seguir em frente.

No entanto, parei, imaginando que a madame poderia estar na recepção com alguém. Peguei um cartão e pedi ao rapaz que o levasse até ela. Ela me ouviu conversar e veio até a entrada.

— Minha querida Lizzie, estou tão feliz em ver você! — exclamou, aproximando e estendendo-me a mão. — Acabei de receber seu bilhete — eu lhe escrevera avisando que me juntaria a ela dia 18 — e estou tentando conseguir um quarto para você. Seu bilhete esteve aqui o dia todo, mas só me foi entregue à noite. Venha comigo, vamos ver se encontraram um quarto para você. — E me levou até a recepção.

Como todos os recepcionistas modernos de hotel, o atendente estava muito bem-vestido, perfumado e era presunçoso demais para ser prestativo ou mesmo educado.

— Esta é a mulher de quem lhe falei. Quero um quarto para ela — a sra. Lincoln disse ao recepcionista.

— Não temos nenhum quarto para ela, madame — foi a réplica mordaz.

— Mas ela precisa de um quarto. É minha amiga e quero um quarto para ela ao lado do meu.

– Não temos nenhum quarto para ela no seu andar.

– É estranho, senhor. Estou lhe dizendo que é minha amiga e tenho certeza de que não há ninguém mais digno a quem o senhor poderia reservar um quarto.

– Sua amiga ou não, estou dizendo que não temos nenhum quarto para ela no seu andar. Posso encontrar um lugar para ela no quinto andar.

– Senhor, imagino que os quartos do quinto andar são melhores que o meu. Se ela vai se hospedar no quinto andar, eu também irei. O que é bom para ela também é bom para mim.

– Muito bem, madame. Devo colocá-las em quartos contíguos e mandar sua bagagem lá para cima?

– Sim, e que seja rápido. Deixe o garoto nos levar até lá. Venha, Elizabeth. – E a sra. L. se afastou do recepcionista com um olhar altivo e começamos a subir as escadas.

Achei que nunca fôssemos chegar ao topo e, quando chegamos ao quinto andar, que acomodações! Quartinhos triangulares, com mobília escassa. Nunca imaginei ver a viúva do presidente Lincoln em um lugar tão humilde e sombrio.

– Que provocação! – a sra. Lincoln exclamou, sentando-se, ofegante, em uma cadeira, por causa da subida. – Estou lhe dizendo, nunca vi pessoas tão intratáveis. Que ideia nos enfiarem aqui no sótão! Vou dizer poucas e boas amanhã.

– Mas a senhora está esquecendo que eles não a conhecem. A sra. Lincoln não seria tratada como a sra. Clarke.

– Verdade, estou esquecendo mesmo. Bem, acho que vou ter que aguentar esses aborrecimentos. Por que você não veio ontem, Lizzie? Quase enlouqueci quando cheguei e descobri que você ainda não estava aqui. Eu me sentei e lhe escrevi um bilhete, estava me sentindo tão mal, implorando que viesse imediatamente.

Mais tarde esse bilhete foi encaminhado para mim, de Washington. Diz o seguinte:

HOTEL ST. DENIS, BROADWAY, NOVA IORQUE.
Quarta-feira, 17 de setembro.

MINHA QUERIDA LIZZIE:
    Cheguei ontem *à noite e fiquei desesperada por* não *encontrar você. Estou morrendo de medo de ficar aqui sozinha. Por favor, imploro que venha, no* próximo *trem. Procure pela*

SRA. CLARKE,
Quarto 94, quinto ou sexto andar.

* * *

O hotel estava tão cheio que não consegui mais um quarto. Escrevi pedindo que me encontrasse aqui ontem à noite; fico louca só de pensar em ficar aqui sozinha. Venha no próximo trem, sem falta.
Sua amiga,
SRA. LINCOLN.

* * *

    Estou hospedada com o nome de sra. Clarke; não pergunte por outra pessoa. Venha, venha, venha. Cobrirei suas despesas quando você chegar. Não vou sair daqui ou mudar de quarto até você chegar.

Sua amiga,
M. L.

Não saia daqui sem me encontrar,
Venha!

Transcrevo o bilhete na íntegra.
    Em resposta à última pergunta da sra. Lincoln, expliquei o que o leitor já sabe, que eu esperava que ela mudasse de ideia e que eu sabia que seria

impossível reservar os quartos que ela solicitara a uma pessoa desconhecida dos proprietários ou responsáveis pelo hotel.

A explicação pareceu satisfazê-la. Virando-se para mim subitamente, ela exclamou:

— Você ainda não jantou, Lizzie, e deve estar com fome. Quase me esqueci disso de tanta alegria por ver você. Você precisa descer até o refeitório agora mesmo.

Ela puxou a corda da campainha e, quando um criado apareceu, ordenou que ele me servisse o jantar. Eu o segui escada abaixo, e ele me levou até a sala de jantar e me acomodou em uma mesa no canto. Eu fazia o pedido quando o encarregado se aproximou e disse, rispidamente:

— Você está no salão errado.

— O garçom me trouxe aqui – respondi.

— Não faz diferença. Vou encontrar outro lugar para você jantar.

Levantei-me da mesa e o segui. Ao sair do salão, disse a ele:

— É muito estranho que você me deixe sentar à mesa da sala de jantar apenas para ordenar que eu saia no momento seguinte.

— Você não é criada da sra. Clarke? – foi sua pergunta abrupta.

— Eu *estou* com a sra. Clarke.

— Dá no mesmo. Criados não podem comer na sala de jantar. Venha, por aqui, você deve jantar no salão dos criados.

Por mais faminta e humilhada que eu estivesse, estava disposta a ir a qualquer lugar para jantar, pois havia passado o dia viajando e não comia nada desde o início da manhã.

Ao chegar ao salão dos criados, encontramos a porta trancada. O garçom me deixou no corredor enquanto ia informar o recepcionista.

Em alguns minutos, o obsequioso recepcionista surgiu, bufando.

— Você veio da rua ou do quarto da sra. Clarke?

— Do quarto da sra. Clarke – respondi mansamente.

Minhas palavras gentis pareceram acalmá-lo, e ele então explicou:

— Já passa do horário do jantar. A sala está fechada, e Annie saiu com a chave.

Meu orgulho não me permitiria continuar no corredor.

– Muito bem – comentei, já subindo as escadas –, direi à sra. Clarke que não posso jantar.

Ele ficou olhando para mim, com uma carranca:

– Não precisa agir com arrogância! Eu compreendo a questão toda.

Não retruquei, mas continuei subindo as escadas, pensando comigo mesma: "Bom, se você compreende a questão toda, é estranho que coloque a viúva do ex-presidente Lincoln em um quartinho minúsculo no sótão deste hotel miserável".

Quando cheguei ao quarto da sra. Lincoln, lágrimas de humilhação inundavam meus olhos.

– O que aconteceu, Lizzie? – ela indagou.

– Não posso jantar.

– Não pode jantar?! Do que está falando?

Contei a ela o que havia acontecido lá embaixo.

– Que pessoas insolentes e arrogantes! – ela exclamou com ferocidade. – Não tem problema, Lizzie, você vai jantar. Coloque seu chapéu e seu xale.

– Para quê?

– Para quê?! Ora, vamos sair e conseguir algo para você comer onde as pessoas saibam se comportar decentemente. – A sra. Lincoln já amarrava seu chapéu diante do espelho.

Sua impulsividade me deixou agitada.

– Sra. Lincoln, é claro que a senhora não pretende sair à rua a esta hora da noite, não é?

– Pretendo, sim. Você acha que vou permitir que você fique com fome, sendo que podemos encontrar algo para comer em qualquer esquina?

– Mas a senhora está se esquecendo de que está aqui como *sra. Clarke*, não como *sra. Lincoln*. Veio sozinha, e as pessoas já suspeitam que algo não está bem. Se sair do hotel a esta hora, vão tomar isso como prova contra a senhora.

– Bobagem. Você acha que me importo com o que esses grosseirões pensam? Coloque suas coisas.

– Não, sra. Lincoln, eu não vou sair do hotel a esta hora, pois compreendo sua situação, se a senhora não compreende. A sra. Lincoln não tem motivo para se importar com o que essas pessoas possam dizer sobre ela como sra. Lincoln, mas deve ser prudente e não lhes dar chance de dizer nada sobre ela como sra. Clarke.

Com muita dificuldade, eu a convenci de que deveria agir com cuidado. Ela era tão franca e impulsiva que nunca pensava que suas ações pudessem ser mal interpretadas. Não lhe ocorreu que ela podia pedir que me servissem o jantar no quarto, então fui para a cama sem comer.

Na manhã seguinte, a sra. Lincoln bateu à minha porta antes das seis:

– Vamos, Elizabeth, levante-se, sei que deve estar com fome. Vista-se rápido e vamos sair para tomar café. Não consegui dormir esta noite pensando em você sendo obrigada a ir para a cama sem comer nada.

Vesti-me o mais rápido que pude e saímos para tomar o café da manhã em um restaurante na Broadway, um lugar entre o número 609 e o Hotel St. Denis. Não dou o número, pois prefiro deixar para a imaginação. De uma coisa tenho certeza: o proprietário do restaurante nem sonhava quem seria uma de suas clientes naquela manhã.

Quando terminamos, caminhamos pela Broadway e, ao entrar no Union Square Park, sentamo-nos em um banco, sob a sombra de uma árvore. Observamos as crianças brincarem e conversamos sobre a situação. A sra. Lincoln me disse:

– Lizzie, ontem de manhã eu solicitei o *Herald* no café da manhã e, examinando a lista de corretores de diamantes anunciada, selecionei a empresa de W. H. Brady & Co., na Broadway, n. 609. Depois do café, fui até a casa para tentar vender algumas joias. Dei o nome de sra. Clarke. No início, fui atendida pelo sr. Judd, membro da empresa, um cavalheiro muito agradável. Não conseguimos concordar quanto ao preço. Ele voltou para o escritório, onde um cavalheiro robusto estava sentado à mesa, mas eu não consegui ouvir o que ele disse. [Agora sei o que foi dito, e o leitor também saberá. O sr. Brady acabou me contando que comentou com o sr. Judd que a mulher devia ser louca por pedir valores tão exorbitantes e que ele se livrasse dela o quanto antes.] Assim que o sr. Judd voltou ao balcão, outro cavalheiro, sr. Keyes, como depois fiquei sabendo, sócio da empresa, entrou na loja. Ele veio até o balcão e, analisando minhas joias, encontrou meu nome dentro de um dos anéis. Eu tinha me esquecido daquele anel e, quando vi que ele olhava para o nome com tanta intensidade, tirei a quinquilharia de sua mão e a coloquei no bolso. Apressada, reuni minhas joias e fiz menção de sair. Eles pediram meu endereço e deixei meu cartão, como "sra. Clarke, Hotel St. Denis". Eles ficaram de fazer uma visita nesta manhã e devo começar as negociações.

Mal havíamos voltado ao hotel quando o sr. Keyes chegou, e a sra. Clarke lhe revelou que era a sra. Lincoln. Ele ficou perplexo ao descobrir que sua suposição estivera certa. A sra. L. lhe mostrou vários xales, vestidos e rendas finas e lhe disse que estava sendo obrigada a vendê-los para sobreviver. Ele era um republicano fervoroso, ficou muito tocado com a história e condenou severamente a ingratidão do governo. Ela lhe confessou o péssimo tratamento que recebera no St. Denis, e ele a aconselhou a trocar de hotel imediatamente. Ela concordou de pronto e, como queria ficar afastada, onde não pudesse ser reconhecida por nenhum de seus antigos amigos, ele recomendou o Hotel Earle, no Canal Street.

No caminho de volta para o hotel naquela manhã, ela acedeu a uma sugestão minha, apoiada pelo sr. Keyes, de confiar no dono do hotel e dar seu nome sem se registrar, para garantir o devido respeito. Infelizmente, o Hotel Earle estava lotado e tivemos de escolher outro lugar. Fomos até o Hotel Union Place, onde reservamos quartos em nome de sra. Clarke, pois a sra. Lincoln havia mudado de ideia, considerando que não seria prudente revelar seu nome verdadeiro a ninguém. Instaladas nos novos quartos, o sr. Keyes e o sr. Brady visitavam a sra. Lincoln com frequência e tinham longas reuniões com ela. Eles a aconselharam a seguir com o plano e estavam otimistas quanto a seu sucesso. A sra. Lincoln estava muita ansiosa para se livrar de suas coisas e voltar a Chicago o mais rápida e discretamente possível, mas eles tinham outra visão sobre o caso, e lamento dizer que ela foi guiada por seus conselhos.

– Deixe seus negócios em nossas mãos e levantaremos pelo menos cem mil dólares em algumas semanas. As pessoas não permitirão que a viúva de Abraham Lincoln sofra; elas virão socorrê-la quando souberem que está passando necessidade – disse o sr. Brady.

Nos bastidores

O argumento parecia plausível, e a sra. Lincoln acedeu calmamente às propostas de Keyes e Brady.

Permanecemos no Hotel Union Place por alguns dias, sem chamar muito a atenção. No domingo, a sra. Lincoln aceitou uma carruagem particular e fomos até o Central Park. Não gostamos muito do passeio, pois a carruagem era apertada e não podíamos abrir as janelas, com medo de sermos reconhecidas por um dos milhares de visitantes no parque. A sra. Lincoln usou um véu pesado para esconder melhor o rosto. Quase bateram em nossa carruagem e ficamos alarmadas, pois um acidente nos exporia aos olhos do público, e o disfarce seria revelado. Na terça-feira, fui atrás de alguns negociantes de roupas usadas e combinei horários para que comparecessem ao hotel. A sra. Lincoln logo descobriu que eram duros na negociação, então na quinta entramos em uma carruagem fechada, levando um punhado de vestidos e xales, e fomos até algumas lojas na Seventh Avenue, onde tentamos vender uma parte do guarda-roupa. Os negociantes queriam pagar pelos itens por pouco ou nenhum dinheiro e tivemos dificuldade de negociar com eles. A sra. Lincoln tratava com os negociantes diretamente, mas todo o seu tato e sua astúcia não conseguiam ir muito longe. Não me alongarei nesta parte da história. Que seja suficiente dizer que voltamos ao hotel mais desgostosas do que nunca com as negociações em que nos envolvemos. Havia muita curiosidade no hotel quanto a nós. Nossas atitudes eram observadas e éramos vistas com desconfiança. Nossas bagagens na recepção eram examinadas diariamente, e a curiosidade se aguçou quando os repórteres, atentos, descobriram o nome da sra. Lincoln em um de seus baús. As letras haviam sido apagadas, mas seu contorno permanecia, servindo para estimular ainda mais a curiosidade. O sr. Keyes e o sr. Brady comumente nos visitavam e convenceram a sra. Lincoln de que, se ela escrevesse algumas cartas para eles mostrarem a políticos de destaque, eles conseguiriam levantar uma boa quantia em dinheiro para ela. Argumentaram que o Partido Republicano jamais permitiria que dissessem que a esposa de Abraham Lincoln estava passando necessidade, que os líderes do partido prefeririam agir a deixar que publicassem para o mundo que a pobreza da sra. Lincoln a obrigara a vender seu guarda-roupa. As necessidades da sra. L. eram urgentes, e ela teve de emprestar seiscentos dólares dos dois corretores e estava disposta a adotar qualquer esquema que prometesse uma boa conta bancária em seu nome. Em vários momentos em seu quarto no Hotel Union Place, ela escreveu as seguintes cartas:

CHICAGO, 18 de setembro de 1867.
SR. BRADY, Corretor de Comissões, Broadway, n. 609, Nova Iorque:

Neste dia enviei ao senhor objetos pessoais, de que sou obrigada a me desfazer, e que reconhecerá serem de valor considerável. Os artigos consistem em quatro xales de pelo de camelo, um vestido com xale de renda, uma cobertura de sombrinha, um anel de diamante, dois moldes de vestidos, algumas peles, etc.
Por favor, avalie-os e me responda por carta.

Respeitosamente,
SRA. LINCOLN

* * *

CHICAGO, ----.
SR. BRADY, Broadway, n. 609, Nova Iorque

****CARO SENHOR:
Os artigos que estou enviando para venda são presentes de amigos queridos, dos quais apenas a necessidade urgente seria capaz de me obrigar a me desfazer. Minha grande preocupação é que não sejam vendidos com prejuízo.
As circunstâncias são peculiares e dolorosamente constrangedoras; assim, espero que o senhor se esforce para conseguir o máximo possível por eles. Continuo à espera de notícias.

Respeitosamente,
SRA. A. LINCOLN

25 de setembro de 1867.
DR. W. H. BRADY:
Minha grande dor e perda me deixam dolorosamente sensível, mas, uma vez que meus sentimentos e meu conforto financeiro nunca foram considerados ou mesmo reconhecidos em meio ao luto arrasador... agora que sofro espantosamente pela falta de meios de subsistência, não vejo por que recuar diante de uma oportunidade de melhorar minha difícil posição.

Certa de que tudo o que o senhor fizer será bem executado, de forma a não me expor e não suscitar comentários, mais uma vez deixo tudo em suas mãos.

Estou passando por uma provação muito dolorosa, de que o país, em memória de meu nobre e dedicado marido, deveria ter me poupado.

Respeitosa e sinceramente,

SRA. LINCOLN

P.S. Como o senhor mencionou que meus bens foram avaliados em mais de 24 mil dólares, estou disposta a aceitar uma redução de 8 mil dólares e abrir mão deles por 16 mil. Caso não consiga esse valor, vou continuar anunciando até que cada artigo seja vendido.

Preciso ter meios de sobreviver ao menos com um nível de conforto razoável.

M. L.

As cartas são datadas de Chicago e endereçadas ao sr. Brady, embora todas elas tenham sido escritas em Nova Iorque, pois, quando a sra. L. deixou o Oeste para morar no Leste, não tinha um plano de ação definido. O sr. Brady propôs mostrar as cartas a alguns políticos e pedir dinheiro, ameaçando publicá-las, caso suas exigências, como representante da sra. Lincoln, não fossem cumpridas. Enquanto ela escrevia as cartas, fiquei ao lado da sra. Lincoln e sugeri que sua linguagem fosse o mais delicada possível.

– Não se incomode, Lizzie – ela disse –, qualquer coisa para conseguir um dinheiro. Que se morra pela ovelha no lugar do cordeiro.

Essa expressão era uma de suas favoritas; com ela, queria dizer que, se uma pessoa vai ser punida por um ato, como um roubo, por exemplo, a punição não seria mais severa se uma ovelha fosse levada no lugar de um cordeiro.

O sr. Brady exibiu as cartas livremente, mas as pessoas a quem foram mostradas se recusaram a fazer qualquer contribuição. Enquanto isso, nossa estada no Hotel Union Place despertava tanta curiosidade que uma movimentação repentina foi necessária para evitar que fôssemos descobertas. Enviamos os baús grandes para o n. 609 da Broadway, embalamos os menores, pagamos nossas contas no hotel e certa manhã partimos para o interior, onde ficamos três dias. A estratégia deu certo. Os ávidos repórteres dos jornais diários foram despistados, e, quando voltamos à cidade, ocupamos quartos na Brandreth House, onde a sra. Lincoln se registrou como "sra. Morris". Eu queria que ela fosse para o Hotel Metropolitan e confiasse nos proprietários, uma vez que os Lelands sempre foram muito gentis com ela, tratando-a muito educadamente sempre que ela se hospedava lá, mas ela se recusou.

Vários dias se passaram, e o sr. Brady e o sr. Keyes foram obrigados a reconhecer que seu esquema era um fracasso. As cartas haviam sido mostradas a várias pessoas, mas todas se recusaram a agir. Exceto por alguns vestidos vendidos a um preço baixo para comerciantes de segunda mão, o guarda-roupa da sra. Lincoln seguia em sua posse. A visita a Nova Iorque se provou desastrosa, e ela foi instigada a tomar medidas mais desesperadas. Ela precisava de dinheiro, e, para obtê-lo, se dispôs a jogar de um jeito mais ousado. Deu permissão ao sr. Brady para que ele exibisse seu guarda-roupa para venda e autorizou a publicação das cartas no jornal *World*.

Depois de tomar essa decisão, ela fez as malas e voltou a Chicago. Eu a acompanhei até a estação e me despedi dela na mesma manhã em que as cartas foram publicadas no referido jornal. A sra. Lincoln me escreveu contando os incidentes da viagem, e a carta descreve a história de forma mais animada do que eu jamais seria capaz de fazer. Suprimi muitas passagens, pois são de natureza muito confidencial para serem divulgadas ao público:

CHICAGO, 6 de outubro.

MINHA QUERIDA LIZZIE:
Como meu ânimo, minha tinta está acabando, então escrevo para você hoje a lápis. Fiz uma viagem solitária até aqui, como você pode imaginar, à exceção de um ou dois acontecimentos divertidos. Depois que você foi embora, descobri que eu não podia ficar no vagão em que você me deixou, uma vez que todos os lugares estavam ocupados. Então, sendo simplesmente a sra. Clarke, tive de engolir o orgulho em um vagão menos confortável. Meus pensamentos estavam focados em meus "bens e posses" na Broadway 609, para que eu me preocupasse com aquele ambiente, por mais desconfortável que ele fosse. Diante de mim, sentou-se um cavalheiro de meia-idade, cabelos grisalhos e aparência respeitável que, durante a manhã inteira, ficou com a página do World *que continha minhas cartas e meus negócios diante dele. Cerca de quatro horas antes de chegarmos a Chicago, um homem pomposo e corpulento sentou-se ao seu lado. Ao que parece, eram completos desconhecidos. Os dois conversaram calorosa e sinceramente. O assunto da guerra e sua devastação os envolveu. O grandalhão, sem dúvida um republicano que embolsou muitos milhares, falou das viúvas do país, feitas pela guerra. O leitor comentou com ele:*

– O senhor sabe que a sra. Lincoln está em uma situação financeira tão difícil que está precisando vender suas roupas e joias para viver com um pouco mais de dignidade?

O homem pomposo respondeu:

– Não a culpo por vender suas roupas, se é o que ela quer. Imagino que, uma vez vendidas, ela converterá o dinheiro em títulos para ter condições de ser enterrada.

O leitor do jornal se virou para ele com um olhar penetrante e respondeu, bastante altivo:

– A mulher ainda não morreu.

Constrangido, o outro baixou o olhar e não disse mais nada. Em meia hora deixou o assento e não voltou mais.

Relato a conversa palavra por palavra. Isso pode ser descoberto, por meio da atitude de meus amigos, os srs. Brady e Keyes, que "a mulher ainda não morreu" e, estando viva, falou e conquistou ouvintes valiosos. A vida é assim! Os que foram feridos, com quanta alegria quem os feriu os entregaria à mãe terra e ao esquecimento! Com a esperança de não ser reconhecida em Fort Wayne, pensei em sair na hora do jantar para tomar uma xícara de chá. * * *

Vou lhe mostrar como sou uma criatura de destino, por mais triste que isso às vezes seja. Fui até o salão de jantar sozinha e fui conduzida a uma mesa, onde, na ponta, estava sentado um cavalheiro de aparência muito elegante – ao seu lado estava uma senhora de meia-idade. Meu véu preto estava dobrado sobre o rosto. Tomei o assento ao lado dele – ele na extremidade da mesa, eu, à sua esquerda. Imediatamente senti um par de olhos me observar. Olhei bem para ele, e meu olhar foi correspondido com intensidade. Bebi um gole d'água e disse:

– Sr. S., é mesmo o senhor?

Seu rosto ficou pálido como a toalha da mesa. Engatamos uma conversa, quando perguntei quanto tempo fazia que ele havia deixado Chicago. Ele respondeu:

– Duas semanas. Que estranho a senhora estar no trem e eu não saber!

Assim que consegui escapar da mesa, expliquei:

– Vim pegar uma xícara de chá para minha amiga que está com dor de cabeça.

Eu mal havia voltado ao vagão quando ele entrou, segurando ele mesmo uma xícara de chá. Fiquei bastante irritada ao vê-lo, e ele estava tão agitado que derramou metade da xícara em minhas mãos elegantemente *enluvadas. Ele parecia muito triste e imaginei que o número 609 da Broadway ocupava seus pensamentos. Eu me desculpei pela senhora ausente que queria o chá, dizendo que "na minha ausência, ela saiu para buscá-lo". Ele trazia o coração nos olhos, apesar de meu rosto estar coberto. Temo que tenha sido por pena de mim. Nunca o vi tão gentil e triste. Estava anoitecendo e não o vi novamente, pois ele voltou para a senhora, sua cunhada do Leste.* * * * *Que terrível obra do destino me fez sair para tomar aquela xícara de chá? Quando ele saiu, como uma dama, joguei a xícara de chá pela janela, baixei a cabeça e derramei lágrimas amargas.* * * *Na estação, meu querido Taddie esperava por mim. Sua voz nunca me soou tão doce.* * * * *Minha querida Lizzie, visite o sr. Brady todas as manhãs às nove horas e incite todos eles o máximo que puder. Vi nos jornais que Stewart está de volta. Amanhã vou mandar a lista de bens e peço que não desistam. As palavras não podem expressar o quanto sinto sua falta. Esqueça meu medo e meu nervosismo da noite anterior. É claro que você não tem culpa de nada. Você é a melhor amiga que eu tenho neste mundo e estou lutando para um dia poder recompensá-la. Me escreva com frequência, como prometeu.*

Sempre com carinho,
M. L.

Não é necessário que eu me detenha na história pública da infeliz aventura da sra. Lincoln. Essa questão foi discutida em todos os jornais do país e são discussões tão recentes que seria inútil reproduzi-las nestas páginas, ainda que eu quisesse fazê-lo. O trecho a seguir, do *Evening Express*, de Nova Iorque, conta a história brevemente:

> *Neste momento, a manchete para as senhoras e os curiosos e especuladores do outro sexo desta cidade é a grande exposição dos vestidos da sra. Lincoln no escritório do sr. Brady, na Broadway, a alguns metros da Houston Street. A publicidade dada aos artigos em exibição e à venda incitou a curiosidade do público, e centenas de*

pessoas, principalmente mulheres com considerável tempo livre, lotam as salas do sr. Brady todos os dias e dão a ele e à vendedora mais trabalho do que qualquer um deles esperava, quando uma senhora, com o rosto coberto por um véu, fez uma visita e combinou a venda das roupas superabundantes de uma senhora distinta e titulada, mas sem nome. Vinte e cinco vestidos, dobrados ou jogados de um lado para o outro, estão expostos sobre um piano fechado e um sofá; xales ricos e raros mostrados em encostos de cadeiras, mas os mais exigentes conseguem uma vista melhor e uma análise mais próxima com a atendente, que os joga ocasionalmente sobre os ombros, apenas para agradar, para que sua aparência ao caminhar possa ser vista e admirada. Peles, rendas e joias estão em um expositor fechado, mas o traje de "quatro mil dólares em ouro" é mantido em uma caixa de papelão e exibido apenas mediante solicitação especial.

Os sentimentos da maioria dos visitantes são adversos ao curso que a sra. Lincoln julgou apropriado, e as críticas são tão severas quanto as picuinhas a respeito da qualidade de alguns dos vestidos são persistentes. Estes são etiquetados segundo a estimativa da própria sra. Lincoln, e os preços variam de 25 a 75 dólares – cerca de 50% menos do que custaram. Alguns deles, se não foram usados por muito tempo, foram usados com frequência; estão gastos nas axilas e na barra da saia, há manchas no forro, e outras objeções se apresentam àqueles que ficam entre os vestidos e o dinheiro "apesar do fato de terem sido usados pela madame Lincoln", como destacou uma senhora que os observava por trás de um par de óculos. Outros vestidos, no entanto, mal foram usados – um deles talvez só tenha sido usado em um retrato, o outro ainda exibia os alinhavos. O testemunho geral é de que o vestuário é caro, e alguns dos inspetores dizem que o preço deve ter sido definido pelas costureiras, ou, se não foi esse o caso, que o ouro estava 250 quando eles foram comprados, e hoje está apenas 140 – então um vestido pelo qual se pagou a quantia de 150 dólares quando a cotação do ouro estava em alta não pode ser considerado barato custando a metade desse valor, depois de ter sido bastante usado e talvez estar fora de moda. A peculiaridade dos vestidos é que a maioria deles é decotado – preferência que algumas senhoras atribuem ao apreço que a sra. Lincoln tem pelo próprio busto.

No último sábado foi feito um lance por todos os vestidos. O valor proposto era menor do que o valor agregado de todos eles. O sr. Brady, no entanto, não tendo poder de decisão, negou-se a fechar negócio, mas notificou a sra. Lincoln por carta. Até agora, é claro, não houve resposta. A sra. L. deseja que a o leilão seja adiado até o dia 31 deste mês e que os esforços sejam de liquidar os artigos em vendas particulares até lá.

Uma certa senhora com o pseudônimo de sra. C. visitou o sr. Brady esta manhã e analisou minuciosamente cada xale. Antes de ir embora, ela disse que, na época em que havia hesitação quanto à Proclamação de Emancipação pelo presidente, ela enviou à sra. Lincoln um xale rosa-acinzentado, que fora fabricado na China, encaminhado para a França e depois para a sra. C., em Nova Iorque. Ela destacou que o xale era muito bonito e, se chegasse às mãos do sr. Brady para ser vendido, ela gostaria de ser avisada, para que pudesse voltar às suas mãos. O sr. Brady prometeu avisar a doadora do xale rosa-acinzentado, caso o estimado artigo estivesse entre os itens dos dois baús que estavam a caminho, vindos de Chicago.

Tantos relatos equivocados circularam que fiz uma declaração a um dos editores do *Evening News*, de Nova Iorque. O artigo baseado na nota por mim fornecida apareceu no *News* de 12 de outubro de 1867. Reproduzo parte dele a esse respeito:

A sra. Lincoln está profundamente magoada com muitas das críticas duras que foram feitas ao fato de ela ter viajado sob disfarce. Ela afirma que adotou esse procedimento por pudor, para evitar chamar a atenção. Enquanto estava aqui, ela conversou apenas com dois antigos conhecidos, e esses dois cavalheiros que conheceu na Broadway. Centenas de pessoas que cortejaram sua elegância quando ela reinava na Casa Branca passaram por ela, mas ninguém a reconheceu. Não porque ela tenha mudado muito em aparência, mas principalmente em razão do pesado véu de crepe que escondia seu rosto.

Ela procurou defender sua conduta enquanto estava na cidade – e com afinco. Aludindo ao fato de que a imperatriz da França se desfaz com frequência e publicamente de seu guarda-roupa, sem se sujeitar a observações grosseiras no que diz respeito à sua adequação, ela reivindica a mesma neutralidade aqui que é concedida a Eugenie, em Paris. Quanto a seu disfarce enquanto estava na cidade, ela argumenta que estrangeiros de destaque e posição comumente visitam nossas lojas e, sob nomes falsos, viajam de um ponto a outro de nosso vasto território, para evitar serem reconhecidos e os inconvenientes que podem resultar disso, ainda que possam vir na forma de homenagens. No caso dela, ela considera a tranquilidade preferível à ostentação, que teria lhe custado muito indiretamente, se não diretamente, e que se sentia incapaz de suportar, em razão de sua atual situação financeira.

Em recente carta à sua amiga do peito, sra. Elizabeth Keckley, a sra. Lincoln observa pateticamente: "Elizabeth, se algum mal sobrevier a isso, ore por minha ousadia, pois fiz com a melhor das intenções". Isso em referência ao ato de colocar seus bens pessoais a público para venda e às duras críticas feitas por alguns que ela considerava amigos.

Quanto aos artigos que pertenciam ao sr. Lincoln, houve prestação de contas até para o público mais crítico. Enquanto esteve na presidência, o sr. Lincoln recebeu várias bengalas. Após sua morte, uma foi dada ao hon. Charles Sumner; outra, a Fred. Douglass; outra, ao rev. H. H. Garnet, de sua cidade; e outra, ao sr. Wm. Slade, o atual mordomo da Casa Banca, que, durante toda a vida do sr. Lincoln, foi seu mensageiro. O mesmo cavalheiro também recebeu algumas roupas do ex-presidente, entre elas seu xale cinza. Vários outros mensageiros da Casa Branca receberam parte dos itens.

O xale xadrez que o sr. Lincoln usava em temperaturas mais amenas e que alcançou certa notoriedade como parte de seu famoso disfarce, ao lado da boina escocesa, quando ele se dirigiu secretamente ao Capitólio para tomar posse como presidente, foi dado ao dr. Abbot, do Canadá, um de seus amigos mais próximos. Durante a guerra, esse cavalheiro, cirurgião do exército americano, esteve em Washington como diretor de um hospital e fez amizade com o líder da nação.

Seu relógio, seu canivete, sua lapiseira de ouro e seus óculos estão em posse de seu filho, Robert. Quase todo o restante dos artigos saiu da família, uma vez que a sra. Lincoln não desejou ficar com eles. Mas todos foram dados.

O rev. dr. Gurley de Washington era o conselheiro espiritual do presidente e de sua família. Eles frequentavam sua igreja. Quando o pequeno "Willie" morreu, ele oficiou o funeral. Era quase um amigo íntimo da família e, quando o sr. Lincoln se deitou em seu leito de morte, o sr. Gurley estava ao seu lado. Como seu clérigo, ele realizou os ritos fúnebres sobre o corpo do presidente falecido, enterrado na Cidade de Washington. Ele ganhou o chapéu usado pelo sr. Lincoln, que ainda se encontra em sua posse.

O vestido usado pela sra. Lincoln na noite do assassinato foi dado à sra. Wm. Slade. É uma seda preta com uma pequena listra branca. A maioria dos outros artigos que adornavam a sra. Lincoln naquela noite fatal hoje é propriedade da sra. Keckley. Ela mantém a maior parte deles cuidadosamente guardada e pretende ficar com eles enquanto viver, como recordação de um triste acontecimento. Entre os artigos mais importantes, estão os brincos, o chapéu e a capa de veludo. O autor deste artigo viu a capa quinta-feira. Ele traz marcas indeléveis do sangue do presidente, que secaram sobre o tecido.

Algumas palavras em relação à disposição e aos hábitos da sra. Lincoln. Ela não é mais a figura jovial e alegre que era quando sua presença iluminava a Casa Branca. Agora está triste e serena, buscando o isolamento e se comunicando apenas com os amigos mais íntimos. Geralmente se dedica a ler na solidão de seu quarto. De quando em quando, deixa a leitura de lado e coloca a mão na testa, como quem rumina algo importante. Então sua mão vagueia entre a farta cabeleira enquanto pondera por alguns segundos – subitamente *vai até a escrivaninha, pega uma pena e escreve algumas linhas apressadas a uma amiga de confiança, sobre os problemas que a sobrecarregam. Apressadamente, a carta é levada ao correio, mas, mal a correspondência sai da cidade, ela já se arrepende do impulso. No entanto é tarde demais, a carta se foi, e provavelmente os segredos que contém não sejam mantidos em sigilo por seu remetente e logo virarão fonte inesgotável para aqueles que amam mexericos.*

Como alguns cidadãos expressaram o desejo de ajudar a sra. Lincoln, foi aberto um livro de contribuições no escritório de seu agente, o sr. Brady, no número 609 da Broadway, esta manhã. Não há limite quanto ao montante que pode ser oferecido, embora tenham proposto o valor de um dólar por cada um que viesse para ver os bens. Se cada pessoa que manuseou os artigos tivesse dado esse valor, uma quantia considerável já teria sido angariada.

As pessoas de cor estão se movimentando quanto a essa questão. Pretendem fazer coletas nas igrejas, em benefício da sra. Lincoln. Estão entusiasmadas, e uma pequeníssima ajuda de cada africano desta cidade acumularia, no total, uma quantia imensa, que seria duplamente aceitável para a sra. Lincoln, pois ela ficaria satisfeita com o fato de que as pessoas negras guardam uma boa memória de seu falecido marido.

Os bens permanecem expostos à venda, mas agora anuncia-se que serão vendidos em um leilão público no dia 30 deste mês, a não ser que sejam liquidados em vendas particulares até lá.

No artigo afirma-se que as "pessoas de cor estão se movimentando quanto a essa questão". As pessoas de cor ficaram surpresas ao saber da pobreza da sra. Lincoln, e a notícia despertou forte simpatia em seus corações generosos e calorosos. O rev. H. H. Garnet, de Nova Iorque, e o sr. Frederick Douglass, de Rochester, propuseram-se a falar em defesa da viúva do lastimado presidente, e foram organizadas campanhas para arrecadar dinheiro por meio de contribuições. As pessoas de cor reconheciam Abraham Lincoln como seu grande amigo e estavam ansiosas para demonstrar seu gentil interesse pelo bem-estar de sua família de uma maneira mais real e substancial do que com simples palavras. Escrevi para a sra. Lincoln contando o que pretendíamos fazer, e ela respondeu prontamente, recusando-se a receber ajuda das pessoas de cor. Mostrei sua carta ao sr. Garnet e ao sr. Douglass, e o projeto todo foi abandonado de imediato. Mais tarde ela aceitou receber contribuições do meu povo, mas, como os serviços dos srs. Douglass, Garnet e de outros foram recusados quando oferecidos, eles se negaram a desempenhar papel ativo no esquema, então nada foi feito. As cartas a seguir foram escritas antes de a sra. Lincoln recusar a ajuda das pessoas de cor:

BLEECKER ST., 183, NOVA IORQUE, 16 de outubro de 1867.
DR. J. H. BRADY:
    Acabei de receber suas mensagens de apoio, assim como as circulares. Farei tudo o que estiver ao meu alcance, mas temo que não seja tanto quanto o senhor espera. Acredito, no entanto, que uma contribuição das pessoas de cor de Nova Iorque terá algum valor do ponto de vista moral, e provavelmente isso será o máximo que o projeto alcançará. Estou inteiramente ao seu lado, embora pouco possa ser feito.
Atenciosamente,
HENRY HIGHLAND GARNET

    P.S. Acho que seria bom você escrever algumas linhas ao sr. Frederick Douglass, em Rochester, Nova Iorque.
H. H. G.

ROCHESTER, 18 de outubro de 1867.
MINHA CARA SRA. KECKLEY:
    A senhora está certa – estou disposto a fazer o que estiver ao meu alcance para colocar a viúva de nosso vitimado presidente na posição de destaque que sua relação com aquele bom homem e o país deve

lhe reservar. Mas não acredito que organizar uma série de discursos possa alcançar esse objetivo; essa é a última coisa que deve ser feita. Ainda assim, caso isso seja feito, deve ser feito em grande escala. É preciso contar com os melhores oradores do país para tal. A senhora não deve me colocar no topo nem no fim da lista, mas no meio dela, pois assim não imporia a cor à ideia. Vou discursar em Newark na próxima quarta-feira à noite e me empenharei para encontrá-la para conversarmos sobre o assunto. Se não for pedir muito, é claro que eu gostaria de ver a sra. Lincoln, se isso puder ser feito discretamente, sem que os repórteres saibam e usem a situação de forma a prejudicar ainda mais aquela senhora já muito exposta. Como devo vê-la em breve, despeço-me por aqui.

Muito atenciosamente,
minha caríssima senhora,

FREDERICK DOUGLASS

POTTSVILLE, 29 de outubro de 1867.
MINHA CARA SRA. KECKLEY:

A senhora sabe minha opinião a respeito das doações para a sra. Lincoln. Ainda assim, eu gostaria de expô-las com mais clareza para que, caso venha a me consultar sobre o assunto, possa fazê-lo com precisão e certeza.

É justo que a sra. Lincoln seja indenizada, na medida em que o dinheiro possa fazê-lo, pela perda de seu amado marido. Honra, gratidão e uma forte compaixão coadunam com isso. Estou disposto a ir mais longe e dizer que a própria sra. Lincoln deveria julgar o valor a ser considerado suficiente, pois acredito que ela não ultrapassaria os limites razoáveis. A obrigação que se coloca diante da nação como um todo é grandiosa, mas é especialmente importante que os homens negros reconheçam essa obrigação. Foi a mão de Abraham Lincoln que rompeu os grilhões de nosso povo escravizado e o libertou do cativeiro. Com sua morte, nosso grande benfeitor sucumbiu, deixando esposa e *filhos aos cuidados daqueles por quem largou tudo. Ai do homem ou da mulher que, diante de tais circunstâncias, recusaria alguns dólares para facilitar a vida de tal viúva! Tudo isso, e mais, sinto e creio. Mas, em razão de sentimentos partidários e animosidades pessoais agora envolvidos em toda essa questão, somos compelidos a considerar esses sentimentos no esforço que ora fazemos para obter as doações.*

Sobre a reunião no Instituto Cooper, defendo que ela só deve acontecer concomitantemente a outras movimentações. É uma estratégia ruim colocar a campo apenas uma fração do exército quando se tem meios de evitar que ele seja despedaçado. É corajoso avançar sozinho, mas seria prudente? Quero ver algo mais que o mesquinho Herald nos meus calcanhares quando eu der um passo à frente por essa causa no Instituto Cooper. Que o sr. Brady distribua suas circulares, com sua lista de nomes de destaque, que o Herald e o Tribune façam um estardalhaço com seus clarins, que a cidade seja coberta de cartazes e que as portas do Instituto Cooper sejam escancaradas, e as pessoas, sem pensar em partidos, venham para cumprir esse dever nacional.

Não deixe que a causa seja ridicularizada e fracasse antes mesmo de começar. O sr. Garnet e eu podemos suportar um golpe como esse, mas a causa, não. E nossa causa não pode ser prejudicada por uma estratégia como essa, que nos deixaria desamparados.

Devo estar em casa até sábado. Por favor, escreva-me, dizendo-me como as coisas estão evoluindo. Mostre esta carta aos srs. Brady e Garnet.

Muito atenciosamente,
minha caríssima senhora,

FREDERICK DOUGLASS

ROCHESTER, 30 de outubro de 1867.
MINHA CARA SRA. KECKLEY:

É possível que eu não passe por Nova Iorque a caminho de casa. Nesse caso, por favor, escreva para Rochester e me informe a quantas anda o negócio das doações. A reunião aqui ontem à noite foi um grande sucesso. Discurso novamente hoje e talvez amanhã. Mande lembranças a todos, incluindo a sra. Lawrence.

Muito atenciosamente,
FREDK. DOUGLASS

ROCHESTER, 10 de novembro de 1867.
MINHA CARA SRA. KECKLEY:
    Li sua caligrafia com muita facilidade. Com a prática, a senhora não vai apenas escrever de maneira legível, mas também muito elegantemente. Então chega de desculpas pela escrita ruim. A caligrafia sempre foi uma de minhas deficiências também e simpatizo com a senhora.

    Acabei de chegar em casa e encontrei sua carta à minha espera. A senhora teria recebido uma resposta antes, não fosse pela minha ausência. Sinto muito, mas será impossível vê-la antes de ir a Washington. Vou a Ohio esta semana e de lá para Washington. Devo passar um ou dois dias em Nova Iorque após minha visita a Washington e a encontro lá. Qualquer reunião pública da qual seja desejável que eu participe deve acontecer no último dia deste mês ou no primeiro do próximo. Agradeço sinceramente a nota contendo uma carta publicada da querida sra. Lincoln; ambas as cartas estão à altura daquela excelente senhora. Prezo muito a bela carta que ela me escreveu. É a carta de uma senhora refinada e vivaz, não importa o que o mundo diga dela. Eu lhe escreveria umas palavras em agradecimento, mas temo sobrecarregá-la de correspondências. Alegra-me que o sr. Garnet e a senhora tenham encontrado o sr. Greeley e que ele tenha a visão correta do assunto; mas queremos mais que visões corretas, e o atraso significaria o fim do movimento. O que a senhora quer agora é ação e cooperação. Se o sr. Brady por *algum motivo não for capaz de mover a máquina, outra pessoa deve ocupar seu lugar; ele causou uma boa impressão quando o vi, mas não estou vendo o andamento prometido de que ele falou quando estivemos juntos. A coisa toda deveria estar nas mãos de um homem reconhecido e firme em Nova Iorque. Nenhum homem seria melhor que o sr. Greeley; nenhum homem no país suscita mais alegria, mas nenhum homem é mais respeitado e suscita mais confiança; um dólar colocado em suas mãos estaria tão seguro para a causa quanto em um cofre e, o que é ainda melhor, todos acreditam nisso. Esse testemunho deve ser mais que o testemunho de um negro. É um grande dever nacional. O sr. Lincoln fez tudo pelos negros, mas não o fez pelo bem destes, mas pelo bem da nação. Sua vida foi entregue pela nação; se não fosse presidente, o sr. Lincoln estaria vivo e a sra. Lincoln não seria viúva agora. Faça tudo o que puder, cara sra. Keckley – ninguém melhor que a senhora para mover as montanhas de preconceito em relação à sra. Lincoln e abrir caminho para o sucesso do plano.*

Muito atenciosamente, minha caríssima senhora,
FREDERICK DOUGLASS

Muitos curiosos visitavam o escritório na Broadway 690 para ver o guarda-roupa da sra. Lincoln, mas poucos artigos eram vendidos. Os srs. Brady e Keyes não demonstravam muita energia e, como veremos nas cartas da sra. Lincoln publicadas no Apêndice, ao final deste livro, ela acabou perdendo a confiança que tinha neles. Foi proposto enviar circulares e divulgá-las por todo o país, declarando os desejos da sra. Lincoln e recorrendo à generosidade das pessoas, mas o esquema fracassou. Os srs. Brady e Keyes não foram capazes de conseguir uma lista de homens proeminentes em quem as pessoas confiassem para conferir reputação e responsabilidade ao movimento, então a coisa toda desandou. Eu e o rev.

Garnet fizemos uma visita ao sr. Greeley, no escritório do jornal *Tribune*, para falar do esquema. O sr. Greeley nos recebeu com gentileza, ouviu pacientemente nossas propostas, então disse:

– Será um prazer ajudá-los com o que estiver ao meu alcance, mas o movimento deve ser planejado por pessoas responsáveis. Os srs. Brady e Keyes não são os homens certos para estar à frente de tudo. Ninguém sabe quem eles são ou o que são. Coloquem a questão nas mãos daqueles que as pessoas conhecem e confiam, então haverá alguma chance de sucesso.

Agradecemos o bom conselho dado pelo sr. Greeley e deixamos seu escritório. Quando os srs. Brady e Keyes foram informados do resultado da reunião, ficaram muito agitados e chamaram o sr. Greeley de "velho tolo". Isso colocou um fim na ideia das circulares. O empreendimento foi cortado pela raiz, e, com ele, definharam as últimas esperanças de sucesso da sra. Lincoln. Uma parte do guarda-roupa foi levada para uma exposição em Providence, sem o seu consentimento. O sr. Brady mencionou que o evento traria dinheiro e, como era preciso arrecadar fundos, esse era o último recurso. Ele acreditava que a sra. Lincoln aprovaria qualquer movimentação, desde que bem-sucedida. Este, pelo menos, é um modo generoso de considerar a questão. Se a exposição em Providence tivesse dado certo, acredito que os agentes da Brady & Keyes hoje estariam viajando pelo país, expondo o guarda-roupa da sra. Lincoln para os curiosos, a um preço por cabeça. Como se sabe, as autoridades da cidade se recusaram a permitir que a exposição acontecesse. Dessa forma, o sr. Brady voltou a Nova Iorque com os bens, e o plano da exposição itinerante, assim como o das circulares, foi abandonado. Semanas viraram meses, e, a pedido da sra. Lincoln, permaneci em Nova Iorque para cuidar de seus interesses. Quando ela deixou a cidade, consegui um quarto tranquilo em uma casa de família, onde fiquei cerca de dois meses, quando me mudei para a Carroll Place 14 e me tornei uma pensionista regular da casa. A tentativa da sra. Lincoln se provou tão desastrosa que ela foi incapaz de me recompensar por meus serviços e fui obrigada a costurar para me sustentar. Minha estada em Nova Iorque me deixou mais rica em experiências, mas mais pobre financeiramente. Durante todo o inverno, trabalhei desde cedo até muito tarde e economizei o máximo que pude. Os negócios da sra. Lincoln exigiam muito do meu tempo e eram uma constante fonte de problemas. Quando a sra. L. foi para o Oeste, eu esperava poder voltar a Washington em uma semana, mas surgiram imprevistos, e estou na cidade há muitos meses. Enquanto escrevo as últimas páginas deste livro, consegui encerrar os malfadados negócios da sra. Lincoln na Broadway 609. A empresa Brady & Keyes se dissolveu, e o sr. Keyes fez o balanço dos itens. A história pode ser contada em poucas palavras. No dia 4 de março, recebi o seguinte inventário do sr. Keyes:

4 de março de 1868.

Inventário dos artigos enviados à sra. A. Lincoln:

1 baú
1 vestido de renda
1 vestido de renda pregueado
5 xales de renda
3 xales de pelo de camelo
1 cobertura de sombrinha de renda
1 lenço de renda
1 boá de zibelina
1 boá branco
1 conjunto de peles
2 braceletes de ouro
16 vestidos
2 capas longas
1 xale roxo
1 capa de pele
25 metros de seda

ARTIGOS VENDIDOS

1 anel de diamante
3 anéis pequenos
1 conjunto de peles
1 xale de pelo de camelo
1 xale vermelho
2 vestidos
1 xale infantil
1 xale de renda chantilly

A comissão da empresa somava oitocentos dólares. A sra. Lincoln me enviou um cheque no valor. Entreguei-o ao sr. Keyes, que me deu o seguinte recibo:

Recebi, em Nova Iorque, no dia 4 de março de 1868, da sra. Abraham Lincoln, oitocentos e vinte dólares por ordem de pagamento do American National, de Nova Iorque.

S. C. KEYES

Embalei os artigos inventariados e enviei os baús para a sra. Lincoln, em Chicago. Então exigi o recibo a seguir:

Recebi, em Nova Iorque, no dia 4 de março de 1868, da sra. Abraham Lincoln, oitocentos e vinte dólares que liquidam todos os débitos existentes até o dia de hoje.

S. C. KEYES

Isso colocou um fim nos negócios, e assim encerro a imperfeita história de minha vida algo romântica. Experimentei muitos altos e baixos, mas sigo com o coração forte. O trabalho de uma vida não me trouxe nenhuma vantagem financeira. Trabalhei muito, mas a fortuna, essa dama inconstante, não me sorriu. Se a pobreza não pesasse tanto sobre mim, eu não passaria o dia trabalhando as agulhas e não passaria as noites escrevendo, no quartinho simples com jeito de sótão no quarto andar da Carroll Place 14. E, no entanto, aprendi a amá-lo. Aqui, com a sra. Amelia Lancaster como minha única companhia, passei muitas horas agradáveis e tristes, e cada cadeira parece uma velha amiga. Na memória, viajei pelas sombras e pelos raios de sol do passado, e as paredes nuas se associam às visões que vieram até mim de tanto tempo atrás. Assim como amo os filhos da memória, amo cada objeto deste quarto, pois cada um se tornou uma parte da memória também. Embora pobre em bens terrenos, sou rica em amizades, e amigos são uma recompensa por todo o sofrimento das páginas mais sombrias de uma vida. Pelo bem da mais doce amizade, posso suportar ainda mais fardos do que já suportei.

Para mim, as cartas da sra. Lincoln aqui anexadas lançam uma luz sobre a especulação das "roupas velhas" em Nova Iorque.

Apêndice

Cartas da sra. Lincoln à sra. Keckley

CHICAGO, *manhã de domingo, 6 de outubro.*
MINHA QUERIDA LIZZIE:

Escrevo esta manhã com o coração partido, após uma noite em claro tomada de muito sofrimento. R. chegou ontem à noite, enlouquecido, quase ameaçando a própria vida, parecendo esgotado, porque as cartas do World foram publicadas no jornal de ontem. Não pude evitar o choro quando o vi tão infeliz. No entanto, minha querida Lizzie, não fiz isso para me proteger e ajudar os outros – e minha motivação e meus atos não foram os mais puros? Ore por mim, pedindo que esse cálice de aflição passe ou que seja santificado. Choro enquanto escrevo. * * * * Orei pela morte esta manhã. Somente meu pequeno Taddie impede que eu tire minha vida. Terei de suportar uma rodada de abusos jornalísticos vindos dos republicanos porque ousei tentar aliviar alguns de meus desejos. Diga aos srs. Brady e Keyes que não publiquem mais nem uma linha que eu tenha escrito. Estou quase perdendo a razão.

Sua amiga,
M. L.

CHICAGO, 8 de outubro
MINHA QUERIDA LIZZIE:

Tomada de sofrimento e angústia, mais uma vez lhe escrevo. Como já esperávamos, os republicanos estão me difamando e fazendo exatamente *como fizeram quando impediram a verba do Congresso*. A sra. ---- conhece algo sobre essas mesmas pessoas. Como seu marido está vivo, eles não ousam dizer tudo o que gostariam. Você bem sabe como tenho agido inocentemente e pelos melhores e mais puros motivos. Eles vão seguir *rugindo* para impedir que eu venda minhas coisas. Que grupo mais vil, vil! O Tribune *daqui, jornal do sr. White, escreveu um belo editorial ontem em minha defesa; mas sabendo que fui privada de meus direitos pelo partido, imagino que seria cercada, caso ousasse sair. Que mundo de angústia é este – como eu tenho sofrido! * * * Você não me reconheceria agora. O espelho me mostra um rosto pálido, triste e abatido, e meus vestidos são como sacos em mim. E tudo porque eu estava fazendo o que acreditava que era meu dever. Nosso ministro, o sr. Swazey, me visitou ontem e disse que eu fiz a coisa certa. A sra. F-- diz que todos dizem o mesmo. Sabendo que me privaram de meus direitos, os políticos preferem me ver passar fome a permitir que eu venda minhas coisas. Eles vão impedir a venda de qualquer artigo, então mandei um telegrama pedindo que fossem devolvidos. Espero que tenha recebido de B. as cartas que mandei aos cuidados dele.

Cuide disso. Não mostre as cartas a ninguém. Escreva-me diariamente.

M. L.

CHICAGO, quarta-feira, 9 de outubro.
MINHA QUERIDA LIZZIE:

Parece que os demônios estão à solta, pois os jornais republicanos estão me destruindo neste Oeste facínora fronteiriço. Nem se eu fosse o assassino mais procurado deste abençoado país, eu não seria tão difamada. E você sabe como sou inocente quanto à intenção de cometer algum mal. Um artigo no Tribune desta manhã, assinado "B", fingindo ser uma senhora, diz não haver dúvida de que a sra. L.-- está louca, já há anos, e que vai terminar a vida em um manicômio. Eles certamente gostariam que eu fosse internada agora. O sr. S., um ministro muito gentil e compreensivo, esteve comigo esta manhã, e agora foi fazer uma visita ao sr. Medill, do Tribune, para saber se ele autorizou que o jornal publicasse tal artigo. * * * Ore por mim, querida Lizzie, pois estou muito triste e de coração partido. Desde que comecei a escrever, recebi uma carta do sr. Keyes, implorando que eu autorize que usem meu nome para as doações. Acho que vou consentir. * *

Sua amiga,
M. L.

CHICAGO, domingo, 13 de outubro.
MINHA QUERIDA LIZZIE:

Estou muito decepcionada por ter recebido apenas uma carta sua desde que nos separamos, datada do dia seguinte. Dia após dia perguntei das cartas à sra. F. Depois de você ter prometido me escrever todos os dias, mal consigo compreender. Espero que o dia de amanhã me traga uma carta sua. Não sou capaz de expressar o quanto sinto sua falta. Espero que tenha chegado bem em Washington e que me conte tudo. * * * Algum dia houve abuso tão cruel por parte dos jornais lançado contra uma inocente mulher, como tem sido esse, lançado contra meus devotos pensamentos? As pessoas deste ingrato país são "desmancha-prazeres"; elas não se propõem a nada e também não permitem que eu faça algo para melhorar minha condição. Que *governo temos! Todo abuso lançado contra mim apenas os rebaixa na estima das pessoas de coração puro. O* Journal *de Springfield publicou um editorial há alguns dias com a informação importante de que é sabido que a sra. Lincoln enlouqueceu há anos, e as pessoas deviam sentir pena por todos os seus atos estranhos. Eu estaria bem se tivesse permitido que eles tomassem posse da Casa Branca. No conforto dos roubos efetuados por meio de contratos com o governo, essas criaturas baixas têm a permissão de lançar sua maliciosa cólera contra mim, sem que ninguém me defenda ou proteja, caso eu venha a passar fome. Essas pessoas fazem muito mais mal a si mesmas do que seriam capazes de fazer contra mim, com suas mentiras e sua vilania. Seu objetivo é evitar que meus bens sejam vendidos ou que qualquer coisa seja feita por mim. Temo verdadeiramente que elas tenham conseguido.*

Escreva-me, minha querida amiga, sua sincera opinião sobre tudo. Eu gostaria de estar melhor, tanto para melhorar a sua condição quanto para melhorar a minha. * * * *Há duas semanas, querida Lizzie, estávamos naquele antro de desconforto e sujeira. Agora estamos separadas. Na última semana, dia sim, dia não, sinto um calafrio trazido pela agitação e pelo sofrimento de minha mente. Em meio a tudo isso, me mudei para a casa de inverno, e agora estou instalada confortavelmente. Minha sala íntima e meu quarto têm móveis adoráveis. Estou acomodada em uma bela casa, com uma família muito gentil, boa e tranquila, e as refeições são excelentes. Considero-me sortuda neste aspecto. Estou certa de que os republicanos, que, para encobrir a própria traição e negligência, usaram mentiras perversas para me prejudicar, foram mais que bem-sucedidos, mas, se o acerto de contas não chegar para eles neste mundo, certamente chegará no próximo.* * * * *

Sábado.

Decidi não derramar mais lágrimas pelas cruéis mentiras de que sou vítima, mas me sinto quase esquecida por Deus e pelos homens

– *no caso destes últimos, exceto para ser difamada. Escreva-me sobre tudo o que Keyes e Brady acham do resultado. Quanto a mim, depois de tanto abuso, não espero mais nada. Ah! Se eu pudesse vê-la. Escreva-me, querida Lizzie, ao menos uma linha; não consigo entender seu silêncio. De agora em diante, encaminhe suas cartas para sra. A. Lincoln, West Washington Street, n. 460, Chicago, Illinois, aos cuidados de D. Cole. Lembre-se, 460. Estou tão ansiosa para ter notícias suas, estou me sentindo tão sem amigos neste mundo. Sigo sempre sua amiga afetuosa.*

M. L.

P.S. À CARTA DE 24 DE OUTUBRO.

Não posso enviar esta carta sem escrever sobre dois pequenos incidentes que aconteceram na última semana. No mínimo, podemos dizer que é justiça em retribuição a palavras maldosas. Há um jornal publicado em Chicago chamado *Republican*, cujos proprietários são homens de Springfield. Todas as manhãs, desde a minha volta, ele é jogado à minha porta, cheio de abusos contra mim. Há quatro dias um artigo foi publicado nele, perguntando: "Que direito tinha a sra. L. a diamantes e rendas?". Ontem pela manhã, foi publicado um artigo no mesmo jornal, anunciando que, no dia anterior, na casa do sr. Bunn (dono do jornal), em Springfield, Illinois, a casa havia sido invadida às onze da manhã por ladrões, que roubaram cinco anéis de diamantes e algumas rendas finas. O jornal de hoje anuncia a recuperação desses artigos. O sr. Bunn, que ganhou centenas de milhares de dólares com o nosso governo, publica esse jornal e denuncia a esposa do homem de quem obteve seus meios. Envio o artigo sobre a recuperação dos bens. Alguns anos atrás, ele tinha uma pequena mercearia em S----. Esses fatos podem ser comprovados. Outro exemplo: na noite em que deixei minha casa para vir para cá, a filha de um dos meus vizinhos, moradora em uma casa bem próxima, começou a lamentar, de um jeito infantil, por que eu não podia ficar com a minha casa. O homem lhe disse: "Por que desperdiçar suas lágrimas com a sra. Lincoln?". Uma hora depois, o marido e a esposa saíram para fazer uma visita, certamente para fofocar sobre mim; quando voltaram, encontraram o filho quase cego com pólvora. Quem diz que o choro "das viúvas e dos órfãos" é ignorado por Ele? Se os homens não são misericordiosos, Deus o será, em seu próprio tempo.

M. L.

CHICAGO, 29 de outubro.
MINHA QUERIDA LIZZIE:

Recebi um bilhete muito agradável do sr. F. Douglass ontem. Vou responder nesta manhã e encaminhar a você para que entregue ou envie a ele imediatamente. No Tribune desta manhã havia um pequeno artigo claramente *destinado a ganhar capital* contra *mim neste momento* – que três dos meus irmãos lutaram no exército do Sul durante a guerra. Caso fossem amigáveis comigo, poderiam ter dito que eram meios-irmãos da sra. L., que ela não via desde a infância, e, como ela deixou Kentucky bastante jovem, seus sentimentos eram completamente republicanos e estavam totalmente com o Norte durante a guerra, e sempre. Nunca deixei de incitar meu marido a ser um republicano extremo, e agora, quando me encontro em dificuldades, veja como o mesmo *partido tenta conspirar contra mim*. Diga ao sr. Douglass e a todos como meus sentimentos se dedicavam à causa da liberdade. Por que repisar esses meios-irmãos, que eu nunca mais vi desde crianças, e que também mal via àquela época, uma vez que eu morava em um colégio interno? Escreva tudo isso a ele, e fale sobre isso com todos os outros. Se formos bem-sucedidos, logo lhe enviarei o suficiente para um grande suprimento de material de costura para o inverno.

Cordialmente,
M. L.

CHICAGO, 2 de novembro.
MINHA QUERIDA LIZZIE:

Recebi sua correspondência da última quarta-feira e não posso deixar de expressar minha surpresa com o fato de que até agora K. e B. não haviam saído em busca de nomes ou passado adiante todas aquelas circulares. O comportamento deles está se tornando misterioso. Ouvimos o suficiente das conversas deles – chegou a hora de agirem. Temo que a demora tenha arruinado os negócios. As circulares deveriam ter sido enviadas antes da eleição. Não consigo entender a lentidão. Como a casa do sr. Greeley fica em Nova Iorque, ele certamente seria encontrado caso tivessem procurado por ele; e há muitos outros homens bons em Nova Iorque, além dele. Arrisco-me a dizer que antes da eleição nenhuma circular será enviada. Começo a pensar que eles estão fazendo das minhas roupas um negócio político, e não em meu benefício. A demora em agir está se tornando muito suspeita. Sua administração lenta e ruim está destruindo qualquer perspectiva de sucesso. Temo que você esteja apenas perdendo tempo em Nova Iorque e que eu acabe ficando no vermelho pelo que devo à empresa. Escrevi para K. e B. e eles não fazem nada que eu peço. Não quero que o sr. Douglass ou o sr. Garnet discursem em minha defesa. Os negócios em Nova Iorque estão me deixando enojada. Não consigo entender o que eles estão fazendo. A demora deles deu aos inimigos tempo de reunir forças; o que tudo isso significa? É claro, dê a senhora do 609 permissão para vender os vestidos mais barato. * * * Estou me sentindo péssima com a lentidão e o estilo não faz nada da B. & K. Acredito do fundo do coração que estou sendo usada para seus objetivos partidários e que eles não planejam enviar a circular. * * *

Sua amiga,
M. L.

Nos bastidores

CHICAGO, 9 de novembro de 1867.
MINHA QUERIDA LIZZIE:

*** Você recebeu uma carta nos últimos dias, com um anexo para F. Douglass? Também uma carta impressa minha, que quero que ele leia? Escreva-me pelo menos dia sim, dia não, estou tão nervosa e triste. E Lizzie, querida, suspeito que não temos a menor chance de sucesso. Fique em Nova Iorque um pouco mais e se ocupe com as costuras de suas amigas. Então eu vou poder saber alguma coisa sobre meus negócios. No fundo, você sabe que as coisas não vão dar certo. Por que não fala abertamente comigo? Escreva-me sempre que puder, nem que sejam apenas algumas linhas. Ontem R. se encontrou com o juiz Davis. *** Terça-feira os dois vão liquidar a propriedade, o que dará a cada um de nós cerca de 25 mil dólares, com a renda de que lhe falei, de 1.700 dólares por ano para cada um. Você se enganou ao dizer que minha casa custa 2.700 dólares – ela vale 1.700 dólares. Os 22 mil dólares que o Congresso me deu eu gastei na casa e nos móveis, que, em razão da escassez da minha renda, fui obrigada a abandonar. Menciono a divisão da propriedade com você, querida Lizzie, porque, quando tudo acabar, os jornais vão se refastelar quanto a isso. Você pode explicar tudo em Nova Iorque; por favor, explique a todos. E faça uma visita a H. G., caso isso saia nos jornais. Caso ganhasse alguma coisa, eu esperava colocar você em melhores circunstâncias imediatamente. Insista que F. D. inclua seu nome na circular; faça também com que incluam o nome de Beecher. Não deve haver nenhum atraso nisso. R. anda bastante rancoroso no momento e acho que apressa a divisão para frustrar meus objetivos. Ontem ele mencionou que está indo para as Montanhas Rochosas assim que Edgar Welles se juntar a ele. Ele está muito misterioso. *** Escreva-me, por favor, quando receber esta carta. Seu silêncio me machuca.

Sua amiga,
M. L.

CHICAGO, 9 de novembro.
MINHA QUERIDA LIZZIE:
 Concluí e enviei minha carta antes de terminar tudo o que tinha a dizer. Não insinue para K. ou B., ou qualquer outra pessoa, minhas dúvidas quanto a eles, apenas os observe. Quanto a S., são ditas tantas mentiras nos jornais que tudo sobre sua esposa e sobre ele pode ser falso. Espero que isso se confirme. Recebi uma carta de Keyes nesta manhã. Acho que escrevi sobre isso. Como é difícil não poder vê-la e conversar com você neste momento de tamanha atribulação. Sinto-me como se não tivesse nenhum amigo no mundo além de você. * * Às vezes minha vontade é sumir deste mundo de sofrimento e preocupação. Temo que meus artigos finos na B. estão sendo minuciosamente examinados e desonrados. Não quero que você vá embora de Nova Iorque sem me devolver os itens mais finos. Quero de volta o único xale branco de pelo de camelo e as duas caxemiras, caso não sejam vendidos. Você acha que existe a mínima chance de serem vendidos? Vou lhe dar uma lista dos artigos que quero que o sr. Brady me devolva antes que você deixe Nova Iorque para voltar a Washington.

  1 xale de pelo de camelo, forro preto duplo
  1 xale de pelo de camelo, forro branco duplo
  1 xale de pelo de camelo branco
  2 xales de caxemira brancos
  1 par de braceletes com anel de diamante
  1 lenço de renda fina
  3 xales de renda preta
  2 xales de alpaca preto
  1 vestido de seda, branco e preto
  1 boá branco
  1 boá de zibelina russa
  1 capa de zibelina russa
  1 capa com punhos e regalo de zibelina
  1 conjunto de pele de chinchila

Quero também que sejam devolvidos o vestido de renda, o pregueado e o xale, se não houver possibilidade de serem vendidos. Assim como todos os outros artigos finos, exceto os vestidos, que aceito vender por um preço mais baixo. * *

M. L.

CHICAGO, 15 de novembro de 1867.
MINHA QUERIDA KECKLEY:
Recebi sua última carta e, acredite, agradeço muito seu interesse em meus negócios. Espero que possa chegar o dia em que eu seja capaz de retribuir sua gentileza com mais do que palavras. Você conhecia a grande tolerância de meu amado marido para comigo em questões financeiras, permitindo que eu concedesse favores àqueles que eu considerava dignos deles, e é nesse aspecto que mais sinto a humilhação de minha insignificante renda. Se o Congresso, ou a nação, tivesse me concedido os quatro anos de benefício financeiro, eu viveria com dignidade, como a viúva do grande presidente Lincoln merecia viver, com meios suficientes para doar a todas as pessoas de bem, e, ao morrer, deixaria pelo menos metade aos ex-escravos, por cuja liberdade meu marido dedicou sua sagrada e preciosa vida. Os homens que evitaram isso com suas mentiras vis e inescrupulosas não são amigos das pessoas de cor e, como você bem sabe, conduziram Johnson em seu perverso caminho.

"Deus é justo", e o dia da retribuição virá para todos eles, se não neste mundo, no grandioso além, para onde os velhos pecadores se dirigem tão apressados, com inocente consciência. Não julguei necessário levantar minha fraca voz feminina contra as perseguições que me acometeram, saídas da boca de homens como Weed & Co. Senti que suas vidas falsas e infames eram defesa suficiente do meu caráter. Eles nunca me perdoaram por ficar entre eles e meu puro e nobre marido, quando, para alcançar seus objetivos vis, eles o conduziriam ao erro. O país sabe de tudo isso, e por que eu deveria me alongar a

esse respeito? No abençoado lar onde meu adorado marido habita, Deus é sempre misericordioso, e meu ferido coração se consola com o fato de que meu querido esposo guarda para sempre o amor dedicado que sempre manifestou com tanta abundância para comigo e seus filhos nesta vida. Estou certa de que seu olhar amoroso e cuidadoso está sempre zelando por nós e que ele está ciente do mal e da injustiça cometidos contra sua família por um país ao qual deu sua vida. Sinto isso profundamente. Parece-me uma coincidência extraordinária que a maior parte dos bons sentimentos em relação a minhas difíceis circunstâncias vem justamente das pessoas de cor, por cuja causa meu nobre marido tinha tanto interesse. Quer tenhamos sucesso ou não, o sr. F. Douglass e o sr. Garnet terão sempre minha maior gratidão. São homens muito nobres. Se qualquer resultado favorável vier a coroar seus esforços, pode acreditar que, em minha morte, qualquer que seja a quantia, ela será legada às pessoas de cor, que estão muito próximas de meu coração. No jornal de ontem, anunciaram que a família do gov. Andrew recebeu 100 mil dólares de contribuição. O gov. A. foi um homem bom, mas se comparava ao presidente Lincoln? Tendo tão pouco a oferecer, meu marido foi tão generoso, e hoje sua família sofre as consequências disso; mas eu não ia querer de volta um único dólar dado por ele. No entanto, nas inúmeras vezes em que aludi, brincalhona, ao "tempo ruim" que talvez estivesse reservado a ele e aos seus, sua frase favorita sempre era: "Lança teu pão sobre as águas". Embora a mesquinha quantia de 22 mil dólares tenha sido um retorno insuficiente do Congresso e estabelecida minimamente pelos homens que traíram e difamaram a esposa do grande homem que os preparou e por meio de quem eles acumularam grandes fortunas – pois Weed e Seward e R. fizeram isso. Ainda assim, tudo isso foi permitido por um povo americano que deve ao meu marido o fato de continuar sendo uma nação! Alonguei-me demais neste assunto doloroso, mas, quando fui obrigada pela miserável renda a fazer do meu lar uma pensão, como estou fazendo agora, você acha que isso não doeu em meu coração?

Felizmente, diante do imenso amor de meu marido por mim – ele foi poupado de conhecer o futuro de sua querida e caprichosa esposa, *ainda sinto em meu coração que* ele *sabe de tudo. O sr. Sumner, amigo íntimo dos bons tempos, veio me visitar há duas ou três semanas. Ele era um frequentador habitual da Casa Branca, e tanto eu quanto meu marido sempre o recebíamos calorosamente. Creio que minha atual situação deve ter soado um acorde doloroso em seu coração nobre e compassivo. E, no entanto, quando me esforcei para aliviar minha condição, o clamor foi tão temeroso contra mim que me fez esquecer de minha própria identidade e crer que eu realmente havia saqueado a nação e era uma assassina. Isso, certamente, não pode ser a América, "a terra dos* livres", *"o lar dos* valentes". *Na noite anterior à última visita do sr. Sumner, eu havia recebido a carta do sr. Douglass; mencionei a circunstância para o sr. Sumner, que respondeu: "O sr. Frederick Douglass é um homem muito nobre e talentoso, e não conheço ninguém capaz de escrever cartas mais belas". Estou enviando uma carta longa, Lizzie, mas conto com sua complacência. Temo que você não seja capaz de decifrar os rabiscos escritos com tanta pressa.*

Sua amiga,
MARY LINCOLN

CHICAGO, *17 de novembro.*
MINHA QUERIDA LIZZIE:

Quando você receber esta pequena carta, os jornais certamente estarão delirando *com a enorme renda que* dizem *que cada um de nós possui. Sabendo exatamente a quantia que cada um de nós receberá, conforme já lhe informei, digo que fiquei chocada com a soma fabulosa atribuída a cada um, mas já aprendi a não me surpreender com mais nada. É claro que isso foi maximizado para evitar nosso sucesso. Agora você vai ver a necessidade de que as circulares tivessem sido enviadas há semanas. Envio um recorte do* Times *de ontem, de C., assinalado com o número 1; e também o* Times *de hoje, assinalado com o número 2. A quantia de 11 mil dólares foi subtraída em questão de vinte e quatro horas do mesmo jornal. Se continuar assim por mais uns dias, logo estará correta. É um jornal secessionista* – *diz que o Congresso me concedeu 25 mil dólares como* presente, *além dos 20 mil de salário que restava. A quantia de 25 mil, você sabe que é completamente falsa. Pode mostrar esta carta a B. e K., e também os recortes. Não deixe que ninguém mais além deles veja, e depois os queime. Tudo está acontecendo exatamente como eu esperava – quando a divisão fosse feita, fariam uma tempestade em um copo d'água. Temo que consigam prejudicar os planos. Se a guerra se espalhar, o* Evening News *pode simplesmente dizer que a quantia atribuída a cada um era falsa, que 75 mil dólares foi a quantia que o administrador, o juiz Davis, pediu na ação. Mas de jeito nenhum deve ser dado o meu consentimento. E então o* Evening News *pode discorrer sobre os 25 mil dólares atribuídos a cada um, à renda de 1.700 atribuída a cada um, e à cota da sra. Lincoln, que não pode tocar na parte dos filhos. Minha palavra ou depoimento não podem aparecer no artigo, mas o jornal deve falar com* convicção. *Isso deve ser coordenado com muito cuidado e sem um dia de atraso.*

Sua amiga,
M. L.

17 de novembro (Confidencial para você).
LIZZIE:

Mostre o bilhete que acompanha esta carta a B. e K.; não deixe que fiquem com ele nem por um instante depois de ler, nem com os recortes. Eu sabia que essas mentiras circulariam quando a propriedade fosse dividida. O que *está atrasando as circulares?* Cá entre nós, creio que temos motivos para desconfiar desses homens, ----. Qualquer que seja a quantia arrecadada pelas pessoas de cor, dou minha palavra, quando eu morrer, tudo, cada centavo, será devolvido a elas. E dessa quantia, se forem 50 mil dólares, quando eu morrer, você ficará com 5 mil; e não devo viver muito, sofrendo como estou agora. Se forem angariados 25 mil dólares pelo seu povo, você terá a quantia citada quando eu morrer; e, de qualquer maneira, *arrecadados 25 mil ou 50 mil, eu darei a você 300 dólares por ano, e a quantia prometida em minha morte. Isso vai facilitar sua vida. Tenho mais fé nos esforços de F. D. e G. do que em B. e K., lhe garanto. Essa divisão foi inventada agora por despeito.* * * *Escrevi ao juiz Davis pedindo uma declaração correta, que enviarei a você assim que receber. Escreva se tiver novidades.* * * *

Sua amiga,
M. L.

CHICAGO, *21 de novembro.*
MINHA QUERIDA LIZZIE:
    Acabei de receber sua carta datada de terça-feira. Escrevi um bilhete agradecendo a B. por sua gentileza e também pedindo os artigos que citei na lista que enviei a você. Faça uma visita a Keyes para ver isso; ele providenciará tudo. E você garante que eles sejam enviados para mim antes que você deixe Nova Iorque? K. me enviou um telegrama ontem dizendo que havia oito nomes nas circulares e que elas seriam enviadas imediatamente. Você acha que trarão algum sucesso? Por favor, assegure a K. e B. que tenho muita confiança neles. Essas circulares precisam trazer algum dinheiro. Sua carta me deixou bastante triste. Converse com K. e B. a respeito do sentimento de gratidão que expresso em relação a eles. Agrade um pouco B. e garanta que minhas coisas sejam devolvidas. Você não pode, querida Lizzie, costurar para algumas de suas amigas em Nova Iorque até 1.º de dezembro? Se algum dia eu conseguir algum dinheiro, você será lembrada, pode ter certeza. R. e um grupo de jovens vão para as Montanhas Rochosas na próxima segunda; ele deve ficar fora três semanas. Se as circulares forem enviadas, é claro que os jornais vão explodir de novo. Então, se R. não estiver aqui no momento e o dinheiro vier, eu não me importo. Escreva assim que receber esta carta. Espero que enviem 150 mil circulares. Incite K. e B. a isso.

Sua amiga,
M. L.

Sábado de manhã, 23 de novembro.
MINHA QUERIDA LIZZIE:

Embora eu esteja sofrendo com uma dor de cabeça terrível hoje, como recebi sua carta datada de quarta, preciso lhe escrever. Entristece-me saber que você está tão desanimada. * * * Na quarta-feira, 20 de novembro, K. me enviou o telegrama que estou encaminhando a você. Se ele não está sendo sincero, o que isso significa? Que despesas B. tem tido com meus negócios para ousar reter minha imensa quantidade de bens? Você acredita que eles pretendem *enviar as circulares*? É claro que você será bem recompensada caso tenhamos algum sucesso, mas 500 dólares "agora", não tenho essa quantia para mim nem para qualquer outra pessoa. Quanto B. propõe cobrar pelas despesas dele? Oro a Deus que tenhamos algum sucesso, no entanto, querida Lizzie, cá entre nós, temo ter caído em mãos perversas. Quanto ao dinheiro, não tenho agora, se nada entrar. Quando eu receber minhas coisas de volta, se é que isso vai acontecer, de ----, vou lhe enviar alguns vestidos para você vender em Washington e ganhar algum dinheiro. Se conseguirmos alguma coisa, você verá que as promessas e a realização *virão* nesta vida. * * * * É um *mistério que* B. NUNCA escreva, e K. tenha escrito somente uma vez, talvez, em três semanas. Tudo isso é muito estranho. * *

M. L.

CHICAGO, *domingo, 24 de novembro.*
MINHA QUERIDA LIZZIE:

Escrevi para você ontem e sei que não foi uma carta agradável, embora tenha escrito o que temo que venham a ser verdades. Amanhã completam-se duas semanas desde que B. e K. receberam meu consentimento legal, mas não foram obtidos nomes, segundo as últimas notícias que tive. * * No entanto, logo veremos com os próprios olhos. Se você e eu somos sinceras em nossas motivações e intenções, não há motivo para todo mundo não ser assim. * * * Se eu não tiver nenhum ganho financeiro com todo o estardalhaço que tem acontecido a respeito dos meus negócios, o jogo está mesmo perdido. * * * * E o mundo inteiro se rirá de mim, se tudo isso acabar como eu imagino, e não há dúvida de que tudo *vai fracassar*. Se eles tivessem enviado aquelas circulares no momento certo, antes da eleição, então tudo estaria bem. Ai de mim! Que erro tem sido tudo isso! Pensei seriamente em tudo e sei do que estou falando. Sou grata pela compaixão do sr. F. Douglass e do sr. Garnet. Vi que F. D. discursará em Chicago neste inverno. Diga a ele, por mim, para vir me visitar; dê-lhe meu endereço. Se eu tivesse conseguido manter uma casa, ofereceria estada quando ele viesse a C.; como as coisas estão, tenho de *me* contentar com pensões. Que país ingrato! Temo que a perversidade de Seward, Weed e R. venha a operar no Congresso no próximo inverno e que serei denunciada lá, com suas mentiras infames. O pai da maldade e da mentira pegará esses homens quando eles "se forem"; demônios como eles sempre permanecem nessa esfera mortal. A mente agitada prejudicou muito minha saúde. * * * * Por que, por que eu não fui levada quando meu querido marido me foi tirado? Aqueles que, em minha consternação, deviam ter me protegido, não me permitem descansar. * * * * Como eu adoraria ver *você* neste dia tão triste. Querida Lizzie, esqueça meu nervosismo na noite anterior à nossa partida; eu estava aflita e com medo. * * * *

Sempre sua amiga,
M. L.

26 de dezembro.
MINHA QUERIDA LIZZIE:

Suas cartas acabaram de chegar. Acabo de escrever a K. para retirar o C. Vá até ele pessoalmente assim que receber esta carta. A ideia de que o Congresso vai fazer alguma coisa é ridícula. Quanto ---- se quisesse, *poderia fazer*, por meio de outros. Vá até B. e K. assim que receber esta carta.

Sua amiga,
M. L.

CHICAGO, 27 de dezembro.
QUERIDA LIZZIE:
   Ontem escrevi algumas linhas. Escrevi duas vezes ao sr. K. para que detenha o C. Vá falar com ele sobre essa questão. Acho que qualquer outro ataque dos jornais vai acabar comigo. * * * Como minha influência morreu com meu marido, qualquer pequena atitude da minha parte é mal interpretada. "O tempo corrige todas as coisas." Estou sofrendo por um simples vestido. Vejo o sr. A. e alguns visitantes novos olhando minhas roupas, desconfiados. * * Mande logo meu vestido preto de merino; preciso me vestir melhor no futuro. Tremo só de pensar na conta que B. e K. podem me enviar, estou tão mal preparada para arcar com qualquer despesa. Todos os meus artigos que não foram vendidos devem ser devolvidos para mim. Deixo este lugar no início da primavera; não seria melhor você vir comigo e compartilhar da minha sorte por um ano ou mais? * * Escreva.

Sua amiga,
M. L.

CLIFTON HOUSE, 12 de janeiro.
MINHA QUERIDA LIZZIE:
   Sua última carta chegou há um ou dois dias. Eu me mudei para esta casa, então, por favor, encaminhe todas as suas cartas para cá. Por que você não pediu a eles que não levassem meus bens a Providence? Pelo amor de Deus, fale com K. e B. assim que receber esta carta e diga que me devolvam tudo imediatamente, com a conta. Estou tão infeliz que tenho vontade de tirar minha própria vida. Acredito plenamente que é o meu querido garoto, só o meu Taddie, que me impede de fazer isso. Sua carta me contando que minhas roupas[4] serão exibidas na Europa – as que eu lhe dei – quase me deixou maluca. R. ficaria

---

[4] As roupas que doei à Universidade de Wilberforce, entregues ao bispo Payne, o qual fará com elas o que achar melhor para a causa. A carta da página a seguir explicará melhor. (N.A.)

furioso *se isso acontecesse. Se você tiver* a menor consideração *por nossa causa, por favor, escreva para o bispo dizendo que isso* não pode *acontecer. Não consigo acreditar que você faria* uma coisa dessas; *seria demais para mim. Que os céus toquem seu coração, e você me escreva, dizendo que essa exposição não irá a cabo. R. acabaria conosco se você consentisse nesse projeto. Lembre--se de como estamos angustiados e recupere aquelas roupas, usadas em ocasiões tão terríveis, recordo-me agora.* ***Estou morrendo, com o coração partido, e a probabilidade é que eu viva* pouquíssimo *tempo. Que todos nos encontremos em um mundo melhor, onde não haja* sofrimento como este. *Escreva-me sobre você. Gostaria que me enviasse quatro chapéus pretos de viúva, como os que mandei fazer no outono em Nova Iorque.* * * * *É claro que você não pensaria, se eu a chamasse para vir trabalhar para mim durante um mês e meio, que eu não pagaria suas despesas e por* cada *vestido que você fizesse. Creio que eu vá precisar de* poucas roupas, agora; *estou inclinada a acreditar que meu descanso está* próxima. *Vá até B. e K. e peça que enviem minhas roupas discretamente.* * * * *Estou me sentindo fraca demais para continuar escrevendo. Por que você está tão calada? Pelo bem da* humanidade, *se não por* mim e por meus filhos, *não exponha aquelas roupas pretas na Europa. Essa ideia me deixou praticamente de cabelos brancos. Escreva assim que receber esta carta.*

Sua amiga,
M. L.

NOVA IORQUE, 1.º de janeiro de 1868.
BISPO PAYNE, D.D.
CARO SENHOR:
Permita-me doar algumas relíquias valiosas em prol da Universidade de Wilberforce, onde meu filho estudou e cuja vida foi sacrificada em nome da liberdade. Recebi essas sagradas relíquias como presente da sra. Lincoln, após o assassinato de nosso amado

presidente. Saber que estão com dificuldades para conseguir meios de recuperar a universidade que foi incendiada no dia em que nosso grande emancipador foi assassinado incitou-me a doar, aos cuidados de J. P. Ball (representante da referida universidade), a capa e o chapéu usados pela sra. Lincoln naquela tumultuada noite. A capa ainda está manchada com o sangue de Abraham Lincoln. Não posso vendê-la, embora tenham sido muitas as ofertas recebidas por ela. Considero-a sagrada demais para ser vendida, mas doo em nome da educação de quatro milhões de escravos libertos por nosso presidente, cuja figura reverencio. Como o senhor bem sabe, tive oportunidade de conhecer o sr. Lincoln de perto, uma vez que eu frequentava a Casa Branca durante sua administração. Também doo a luva[5] vestida por ele, na última recepção após a posse. Ela traz as marcas dos milhares de pessoas que lhe apertaram a mão naquela última e grandiosa ocasião. Espero que receba essa e muitas outras relíquias em nome do fundo Lincoln. Também doo o vestido usado pela sra. Lincoln no último discurso de posse de seu marido.

Por favor, receba-os de

Sua irmã em Cristo,
L. KECKLEY

CLIFTON HOUSE, 15 de janeiro de 1868.
MINHA QUERIDA LIZZIE:

Você vai pensar que estou enviando um dilúvio de cartas. Estou tão triste hoje que sinto que preciso escrever para você. Ontem à noite, Tad e eu saímos de bonde para resolver uma pequena questão. Vesti um véu pesado e agora percebo que fui imprudente ao levar comigo o sustento de todo um mês *na bolsa de mão*, pois, ao voltar, vi que ela havia sumido. Mereço a perda por ter sido tão descuidada, mas foi um golpe muito duro para mim. Atribulações e infortúnios estão me

---

[5] Desde então recuperei a posse da luva como *lembrança* preciosa de nosso amado presidente. (N.A.)

sobrecarregando, e espero que o fim possa chegar logo. Perdi 82 dólares e uma bolsa de mão quase nova. Estou muito, muito ansiosa com a conta que B. e K. podem me enviar. Vá até eles, querida Lizzie, e implore que sejam comedidos, pois minha situação é bastante limitada. Rogo-lhe que conte a eles sobre esta última perda. Como eles não tiveram sucesso (CÁ ENTRE NÓS) e só me trouxeram tristeza e problemas enormes, acho que não podem exigir muito. (Não diga isso a eles.) Por favor, querida Lizzie, vá até o número 609 e converse com eles sobre o assunto. Que minhas coisas sejam devolvidas imediatamente e garanta que nada seja deixado para trás. Não posso perder nada que foi colocado nas mãos deles. Estou literalmente sofrendo por meu vestido preto. Pode enviá-lo para mim? Minhas roupas estão um trapo. Espero que tenha se recuperado completamente. Escreva assim que receber esta carta.

Sua amiga,
M. L.

CHICAGO, 7 de fevereiro.
SR. BRADY:
 Autorizo a sra. Keckley a solicitar minha conta e todos os meus bens. Deve ser feito um inventário exato de tudo, e todos os bens que não tenham sido vendidos devem ser devolvidos. Entregue minha conta à sra. Keckley, sem falta, imediatamente.

Respeitosamente,
SRA. LINCOLN

SÁBADO, 29 de fevereiro.
QUERIDA LIZZIE:
 Só vou conseguir ficar sentada para escrever uma breve carta e enviar este cheque para o sr. K. Dê-lhe o cheque somente quando ele lhe entregar todos os meus bens e exija um inventário completo.

Escreverei amanhã. Assim que receber esta carta, vá até ele, recupere meus objetos e não lhe dê o cheque enquanto não pegar todos os meus objetos. Certifique-se de conseguir um recibo pelo cheque. * * No relatório enviado há dez dias, ele disse que havíamos emprestado 807 dólares, agora diz que são 820. Pergunte a ele o que isso significa e peça que subtraia os 13 dólares. Não consigo entender. Uma carta que recebi de K. nesta manhã diz que, se o cheque não for recebido no início da semana, meus bens serão vendidos, então vá até ele imediatamente. * * Ele diz que vendeu meu anel de diamantes; os bens vendidos somam 824 dólares, e eles se apropriaram do valor total para suas despesas. Situação preciosa, de verdade. Só o anel de diamantes custou mais do que isso, e eu exigi que não fosse vendido por menos de 700 dólares. Faça com que minhas coisas sejam devolvidas em segurança. * * *

Sua amiga,
M. L.